いちばんやさしい針しごと入門

ゼロからはじめる お裁縫生活

並ぬい、玉止め、ボタンつけから
手ぬい小物作りまで

了戒かずこ

The Easiest Introduction to Sewing
Learning to Sew From the Very Beginning

青春出版社

手ぬいができれば
つくろいものも、手づくりも。

針と糸の手しごとのなかで、
いちばん素朴な手ぬいのお裁縫。
「ボタンつけやすそ上げくらいは、自分でしたい」
「ミシンはないけど、手作りはしてみたい」
「家庭科は苦手だったけど、
　ソーイングをはじめたい」
この本は、そんなふうに思ったときに
ぜひ開いてみてほしい一冊です。

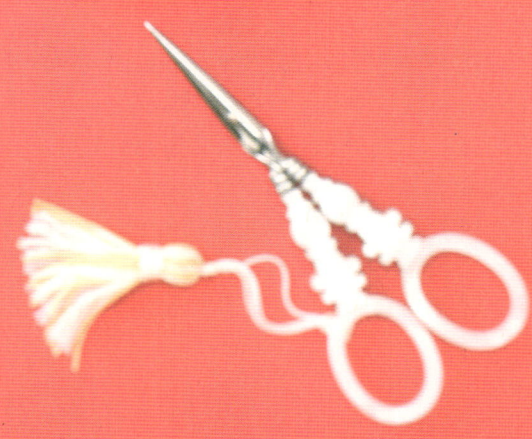

ピンクッション（角形・丸形）
お裁縫のお供。テープやレースで好みのテイストにできるのも、手作りならでは。
How to make
ピンクッション角形　　page 60
ピンクッション丸形　　page 61

ふきん・ぞうきん
お裁縫の基本アイテムはステッチでかわいく。
How to make -----------------
ふきん　page 42／ぞうきん　page 43

ぬいものなら、ミシンですれば早い？
でも、ミシンソーイングでも仕上げや補助に
手ぬいは欠かせませんし、
日々のちょっとしたトラブル対策にも力を発揮。
手ぬいの活躍の場は、思いのほか多いのです。
とはいえ、ただ家庭科の授業を
おさらいするだけじゃつまらない。
そこで、初心者でもムリなくできる作品作りを通して、
手ぬいのさまざまなテクニックや、
そのテクニックをどこで、
どうやって使うのかがわかるよう、
アイテムやデザインを吟味しました。

**ランチョンマットと
コースター**
バイアス仕立ての基本はこれでマスター。
How to make -----------
ランチョンマット　page 56
コースター　　page 58

クッション入りハンガー
ハンガーをカバーリングするだけで完成！
How to make ----------------- page 45

バッグ・イン・バッグ（きんちゃく袋）
袋ものの基本。作るのが簡単で、いくつあっても便利に使えるうれしいアイテム。
How to make
片絞りのきんちゃく袋　page 52
両絞りのきんちゃく袋　page 53

バスケット・イン・バッグ
きんちゃく袋をちょっとアレンジすると、こんなバスケット用バッグに。
How to make ········ page 54

手ぬいのためのアイテムを選び出し、
デザインを考えるうえで
とくにこだわったのは、おもに次の4点。
◎材料も、使うスペースも時間も少しですむ小物を中心に
◎手作りの可能性を広げる基本テクニックをカバー
◎曲線の多さ、立体的なつくりなど、手ぬいすることで
　より失敗なく作れるアイテムを選ぶ
◎手ぬいならではのラフ感をあえて活かしたデザインに
試行錯誤の結果、できあがったのが
ここでご紹介している作品たちです。

コサージュ
布の組み合わせを考えるのも楽しい花飾り。
How to make ------------------- page 44

アームカバー
切り換えとゴムギャザーがかわいい、コンパクトサイズの便利アイテム。
How to make ------------------- page 48

ブーティ
素材にもこだわりたい赤ちゃん用シューズ。
How to make ------------------- page 50

ヨーヨーのアクセサリー
花モチーフをたくさん作って、アイディアしだいでいろいろ使えるアクセサリーに。
How to make ------------------- page 46

ミニトートバッグ
お散歩などで活躍しそうなミニバッグ。
How to make --------------- page 63

ミニバケツ型バッグ
持ち手も作るミニバッグ上級編。
How to make --------------- page 65

Open!

ブックカバー
布の切り換えとジャバラテープがチャームポイント。文庫本専用カバー。
How to make ------------------ page 80

メガネケース
口金を使うと、こんなあき口の
ケース作りもお手のもの。
How to make -------- page 70

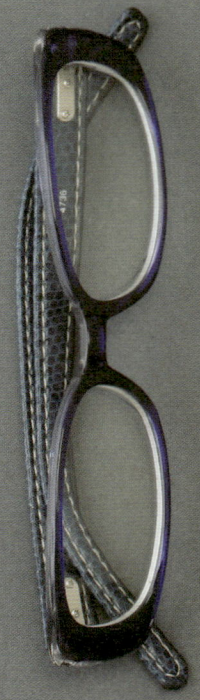

ペンケース
丈夫な仕立てが不可欠なファスナーつけにも挑戦。
How to make ------- page 82

作品が決まったら、次ははじめて挑戦する初心者さんが
失敗したりザセツしたりしないためには、
どんなアドバイスが必要かを徹底研究。
「まち針はどこに、どっち向きに打つ？」
「ぬい終わりの玉結びをきれいに隠すには？」
そんなちょっとしたポイントにもこだわって、
作り方の道案内をするよう努めました。

ひと針ひと針、ていねいに針を進める手ぬいの仕事は、
いつでも、静かに、ひざの上でできるのがいいところ。
チクチクチク、と針を動かしはじめると、
時間もゆったりと流れはじめます。
親子でいっしょに手作り、なんていうことも
手ぬいならではの楽しみ方かもしれません。

携帯電話ケース（上）
ストラップ作りやタブつけなど、小さいなかにもワザ満載。

How to make -------- page 72

マイはし袋（左）
バッグのなかでもかさばらない、スマートなはし袋。

How to make -------- page 74

ブック型ミニポーチ
三重のポケットに小物を仕分けして収納
するタイプの、あると便利な小物入れ。
How to make --------------- page 85

レジ袋ストッカー
しまうときは上から、使うときは底面の
あき口から袋を出し入れするつくり。
How to make --------------- **page 67**

キッチンクロスのエプロン（上）
こんな大物も、既成のクロスを使えば案外ラクに作れます。
How to make ---------------- page 88

キッチンミトン（右）
中央に好みの柄をアップリケしたなべつかみ。上のエプロンとおそろいにしても。
How to make ---------------- page 78

慌ただしく過ぎてゆく毎日のなかに、
ほんわかやさしい
手しごとのぬくもりを。

手ぬいでチクチク、はじめませんか。

ルームシューズ
お裁縫が上達したら、ぜひ挑戦
してほしい手作りシューズ。
How to make ········ page 91

CONTENTS

手ぬいができれば
つくろいものも、手づくりも。●3
この本の表記について ●20
知りたいこと INDEX ●21

PART 1

お裁縫の基本 Q&A ●23

- **Q.1** お裁縫特有の「ことば」の意味がわかりません。●24
- **Q.2** どんな道具がそろっていればいいですか？ ●26
  - ** One point advice
  - ツールボックスはお裁縫箱にも便利！ ●27
- **Q.3** 針、糸の選び方ってありますか？ ●28
  - ** One point advice
  - 糸づかいのちょっとしたコツ ●28
- **Q.4** ぬい始めとぬい終わりの「正しい方法」って、あるんでしょうか？ ●29
- **Q.5** 「正しい針の持ち方」って、ありますか？ ●30
  - ** One point advice
  - 手ぬい用指ぬきは「リング型」●30
- **Q.6** 「まち針」と「しつけ」ってどう使い分けるの？ ●31
  - ** One point advice
  - 「かせ」の糸のまとめ方 ●31
- **Q.7** どんなぬい方を覚えておけばいいですか？ ●32
  - ** One point advice
  - 「玉止めができない！」というときの糸の足し方 ●33
- **Q.8** 「製図」や「裁ち方図」の見方がわかりません。●35
- **Q.9** 型紙ってどうやって作るの？ ●36
- **Q.10** 布の下準備として、ぬう前に必ずするのはどんなこと？ ●38

PART 2

かんたん手ぬいレシピ ●41

- **ITEM 01** ふきん・ぞうきん ●42
- **ITEM 02** コサージュ ●44
- **ITEM 03** クッション入りハンガー ●45
- **ITEM 04** ヨーヨーのアクセサリー ●46
  - なるほどMEMO ◎ 「ヨーヨー」って何？ ●47
- **ITEM 05** アームカバー ●48
  - なるほどMEMO ◎ ぬい代始末の方法いろいろ ●49
- **ITEM 06** ブーティ ●50
- **ITEM 07** バッグ・イン・バッグ（きんちゃく袋）●52
  - なるほどMEMO ◎ きんちゃく作りのおすすめ「ひも」いろいろ ●53
- **ITEM 08** バスケット・イン・バッグ ●54
- **ITEM 09** ランチョンマットとコースター ●56
  - なるほどMEMO ◎ バイアス布の作り方・使い方 ●59
- **ITEM 10** ピンクッション ●60
  - なるほどMEMO ◎ アレンジいろいろ「テープ」と「レース」●62
- **ITEM 11** ミニトートバッグ ●63
- **ITEM 12** ミニバケツ型バッグ ●65
- **ITEM 13** レジ袋ストッカー ●67
  - なるほどMEMO ◎ 使いこなすと楽しい「金具」いろいろ ●69
- **ITEM 14** メガネケース ●70
- **ITEM 15** 携帯電話ケース ●72
  - なるほどMEMO ◎ スナップボタンのつけ方 ●73
- **ITEM 16** マイはし袋 ●74
  - なるほどMEMO ◎ 糸ループって何？ ●75
  - なるほどMEMO ◎ いろいろなボタンのつけ方 ●76
  - なるほどMEMO ◎ 「くるみボタン」は自分で作れる ●77
- **ITEM 17** キッチンミトン ●78

CONTENTS

ITEM 18　ブックカバー ● 80
　なるほどMEMO ◎ 接着芯を上手にはるコツ ● 81
ITEM 19　ペンケース ● 82
　なるほどMEMO ◎ ファスナー選びの
　　　　　　　　　ちょっとしたコツ ● 84
ITEM 20　ブック型ミニポーチ ● 85
　なるほどMEMO ◎ 分厚い布をぬうときは ● 87
ITEM 21　キッチンクロスのエプロン ● 88
　なるほどMEMO ◎ ハトメ穴も
　　　　　　　　　手ぬいで作れる ● 90
ITEM 22　ルームシューズ ● 91
　なるほどMEMO ◎ ちょっと変わった
　　　　　　　　　飾りのお話 ● 94

LESSON 05　穴をふさぐ ● 105
LESSON 06　かぎホックをつける ● 106
　金具タイプのかぎホック ● 106
　ワイヤータイプのかぎホック ● 107
　＊＊ One point advice
　下前は糸ループでも作れます ● 107

PART 3

つくろいもの基礎講座 ● 95

衣類のトラブル MAP ● 96
LESSON 01　伸びたゴムを入れ替える ● 97
　＊＊ One point advice
　ゴム通しは安全ピンでも代用できます ● 97
LESSON 02　すそのほつれを直す ● 99
　直線のすそ ● 99
　曲線のすそ ● 99
　すれやすいすそ（タイトスカートなど） ● 99
LESSON 03　すそ丈を変える ● 100
　パンツのすそ上げ ● 100
　＊＊ One point advice
　急ぎの場合は「すそ上げテープ」が便利です ● 101
　スカートのすそ上げ（裏地つき） ● 102
　＊＊ One point advice
　上げ幅が多い場合の裏スカートのすそ始末 ● 103
LESSON 04　ぬい目のほころびを直す ● 104
　ぬい目のほころび直し（裏地がない場合） ● 104
　ぬい目のほころび直し（裏地がある場合） ● 104

＊この本の表記について

◎本文中に記載したサイズのなかで、とくに記載がないものの単位はすべてcm（センチメートル）です。
◎材料欄に記載された布の使用量は、基本的に「幅×長さcm」の順に表示しています。
◎材料欄で［ ］内に記載した材料は、3〜18ページでご紹介した写真作品に使用した素材です。作品作りの参考にしてください。
◎本書は手ぬいを基本として作品のぬい方を説明しています。使用する糸は、とくに記載がない場合は60番手ぬい糸です。また「Ⓢ」の記号がある場合は、5番刺しゅう糸を使った飾りステッチのサインです。
◎作り方ページの「はじめる前に」の欄に下のような表示がある作品は、表示ページに型紙が収録されています。裁ち方図を参考に、必要なパーツを写し取って使ってください。

型紙は
P.108

知りたいことINDEX

「これ何だっけ？」「どうやるの？」悩んだときの早引きガイド

"お裁縫生活"をしていく上で、知っておくと役立つテクニックやものの名前、本書の作品作り以外の場面でも幅広く応用できるテクニックなどをピックアップして、インデックスにしました。「ぬい方」「ソーイング用語・名称」「ぬう前の準備」「ぬい代の始末」「部分テクニック」「補修テクニック」の6つのカテゴリーごとに、項目が50音順で並んでいます。困ったとき、知りたいことがあるときにチェックしてみてください。

◎ぬい方

アイレットホールステッチ	90
置きじつけ	31
奥まつり	34
ぐしぬい	31,32
コの字まつり	34
全返しぬい（本返しぬい）	32
たてまつり	33
玉止め	29
玉結び	29
千鳥がけ	34
流しまつり	33
並ぬい	32
半返しぬい	32
ブランケットステッチ	33
星止め	34
ボタンホールステッチ	90
巻きかがり	33

◎ソーイング用語・名称

合印	35
いせる（いせ込む）	25
糸ループ	75,103,107
かぎホック	106
カシメ	69
型紙	36
地直し	38
じゃばらテープ	62
印つけ	40
スナップボタン	73
製図	25,35
セーラーテープ	62
接着芯	57,81
外表	25
裁ち方図	25,35
タテ地	24
Dかん	69
ドミット芯	45
中表	25
なすかん	69
ぬい代	25
ぬい止まり	35
布耳	24
布目	24,35,38
バイアス地	24
バイアス布	58,59
ハトメ	68
バネホック	69
見返し	25
用尺	24,35
ヨーヨー	47
ヨコ地	24
わ	35

◎ぬう前の準備

型紙の置き方	39
型紙の作り方	36

裁断の方法	39
しつけぬい	31
地詰めの方法	38
地直しの方法	38
印つけの方法	40
接着芯のはり方	57,81
布目の通し方	38
まち針の打ち方	31

◎ぬい代の始末

１枚ずつまつる	49
折り伏せぬい	49
額縁仕立て	59
中へ折り込むぬい代始末	43
２枚一緒にまつる	49,63
ぬい代を片返しする	25
ぬい代を割る	25
縁取り始末（あき口）	79
縁取り始末（カーブ）	86
縁取り始末（四角）	57
縁取り始末（丸）	58
三つ折りのぬい代始末	25,42
割り伏せぬい	49,54

◎部分テクニック

あき口を作る	67
足つきボタンをつける	76
アップリケをする	42,56,70,78,82
穴ボタンをつける	76
糸ループを作る	75,103,107
裏袋をつける	66,71,73,74,83
かぎホックをつける	106
カシメをつける	69
くるみスナップを作る	76
くるみボタンを作る	77
ゴム通しを作る	49
ストラップを作る	73
スナップボタンをつける	73
外から布を巻きつけてぬう	45
タブをつける	72
布をはぎ合わせる	74,80
バイアス布を作る	59
バイアス布をはぐ	59,86
ハトメ穴を糸で作る	90
ハトメをつける	68
バネ口金をつける	71
バネホックをつける	69
ひも通しを作る	52,55
ひもをつける	89
ファスナーをつける	82
袋口を始末する	52,55,64,66,71,73
縁に飾りテープをつける	60
ベルト通し穴を作る	90
ベルト通しを作る	89
ベルト通しをつける	89
ポケットを作る	89
ポケットをつける	89
マチをぬう	64,68,83
丸い底をつける	55
持ち手を作る	66
持ち手をつける	64,66
立体的なカーブをぬう	51,93
リボンを作る	86,93
ループを作る	79,89
ループをつける	79,89
レースをつける	61

◎補修テクニック

穴をふさぐ	105
かぎホックをつけ替える	106
ゴムを入れ替える	97
すそのほつれを直す	99
すその丈直し（パンツ）	100
すその丈直し（スカート）	102
すその丈直し（すそ上げテープで）	101
スナップボタンをつけ替える	73
ぬい目のほころび直し（裏地あり）	104
ぬい目のほころび直し（裏地なし）	104
ボタンをつけ替える	76

PART 1

いまさら聞けない初歩の疑問をまずは解消

お裁縫の基本 Q&A

Q.1 お裁縫特有の「ことば」の意味がわかりません。

A 基本的なことは家庭科の授業で習ったことがあっても、ふだんなじみのない専門用語はわかりにくいもの。基本中の基本ともいえる専門用語として、代表的なものをいくつかご紹介しておきます。

●布に関することば

＊用尺（ようじゃく）

作品を作るときに使用する布の量です。この本では材料欄に「（布の幅）×（布の長さ）cm」「110cm幅を○cm」などと表示しています。

たとえば「110cm幅を50cm」という場合は、お店で110cm幅の布を50cm買えばいい、ということになります。布幅は92cm幅（シングル幅）、110〜120cm幅、148cm幅（ダブル幅）などいくつか種類がありますが、110cm幅がもっとも一般的で、布の種類も豊富な布幅です。また、チェックなどの柄のある布や、ウールなどで毛の流れに方向性のある布は、用尺よりも少し多めに用意するのがおすすめです。

このバッグは110cm幅の布が60cm必要なんだ…。

必要な布の量を用尺といいます

＊タテ地（布目（ぬのめ））

布は基本的に、タテ糸とヨコ糸で織られています。そのタテ糸の方向を「タテ地（布目とも）」と呼びます。タテ地方向は布が伸びにくいため、同じ型紙（36ページ参照）を使っても、どの方向をタテ地にするかでできあがったあとの型くずれの仕方が違ってきます。そのため、型紙には必ずタテ地を表わす矢印（布目線）が記載されています。

＊ヨコ地

タテ地に対して、ヨコ糸の方向は「ヨコ地」と呼びます。タテ地よりも伸びやすい性質があります。

＊バイアス地

布のななめ（バイアス）方向を「バイアス地（きっちり45度の場合は正バイアス地）」と呼びます。最も伸びやすい方向ですが、この方向に裁った布の布端はほつれにくいため、布端をくるむバイアス布を作るときなどは、バイアス地に布を裁ちます。

＊布耳（ぬのみみ）

ヨコ地の両端は「布耳」と呼びます。

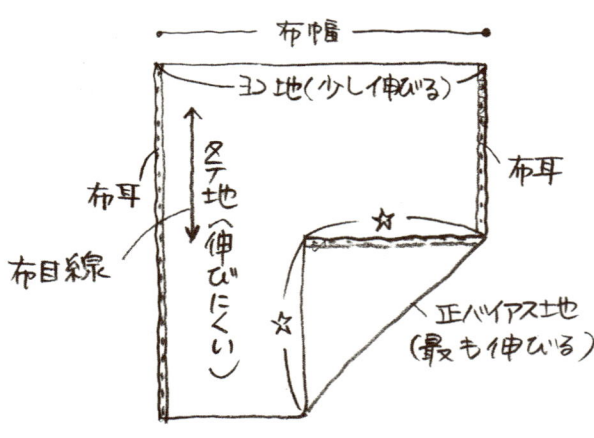

布のゆがみや、服の柄を合わせたりするため用尺（必要量）はぬい代を含めたパターンより幅、丈とも10cm前後多めに用意するのがベターです

布幅 / ヨコ地（少し伸びる）/ 布耳 / タテ地（伸びにくい）/ 布目線 / 正バイアス地（最も伸びる）

●製図や裁ち方図に関することば

＊製図
型紙（パターン）を作るために必要な寸法や線の引き方が記載された、設計図のようなもの（くわしい見方は35ページ参照）。寸法通りに線を引いて切り抜けば型紙に。あらかじめぬい代をつけて型紙にする方法もあります。また、四角いバッグなど、シンプルな形の場合は単に「寸法」と表示される場合もあります。

＊裁ち方図
パターンを布にどう配置して裁断すると一番効率がよいか、目安を示した図です（くわしい見方は35ページ参照）。

＊できあがり線
作品ができあがったときのアウトラインになる線です。ぬうときは、基本的にできあがり線の上をぬっていきます。

＊ぬい代
できあがり線より外側の部分。基本は1cmですが、折り込む場合は多めに、カーブは布がつれないよう少なめになど、場所により最適な幅が違います。

＊見返し
袋のあき口や洋服のえりぐりなど、縁の始末に使う部分。別布で作る場合もあります。

★製図の例

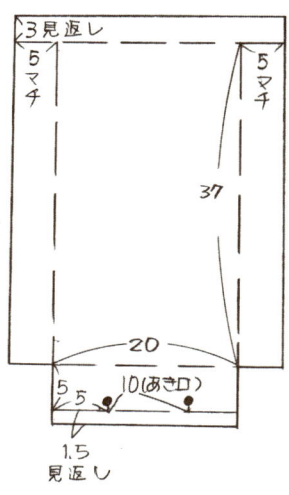

★裁ち方図の例

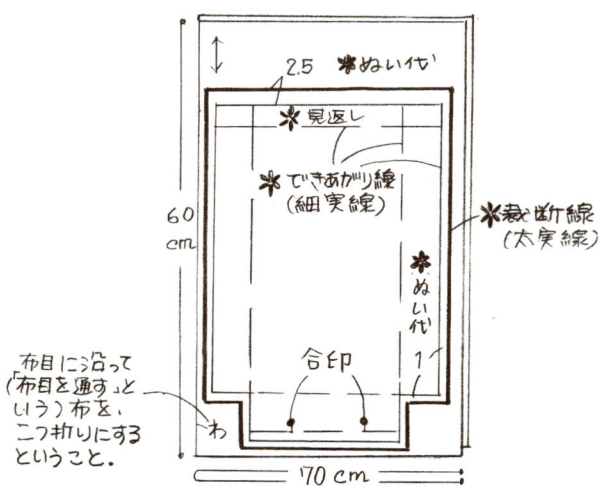

●作業に関することば

＊中表に合わせる
2枚の布の表同士を合わせること（裏を外側に出す）。

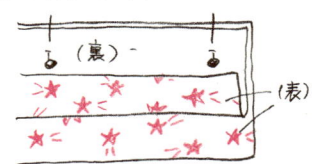

＊外表に合わせる
2枚の布の裏同士を合わせること（表を外側に出す）。

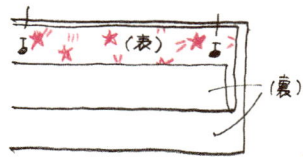

＊ぬい代を割る
布をぬい合わせた後で、ぬい代をアイロンで左右に開くこと。

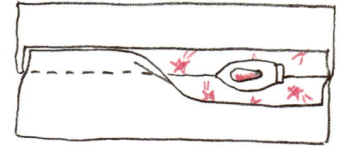

＊ぬい代を片返しする
布をぬい合わせた後で、ぬい代をアイロンで片側に倒すこと。

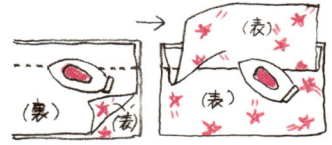

＊三つ折り
ぬい代などを2回折り返し、布端を内側へ折り込むこと。

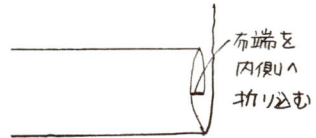

＊布をいせる（いせ込む）
丸みやふくらみを出すときに、布を縮めながら細かくぬうこと。

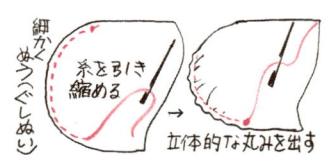

Q.2 どんな道具がそろっていればいいですか？

A ボタンつけをはじめとするつくろいもの、さらには手ぬいでちょっとした手作りをするとき、よりきれいに仕上げるための道具選びのコツや、あると便利な道具がいろいろあります。手持ちの道具と見くらべて、チェックしてみてください。

□手ぬい針
洋裁用とされるメリケン針と、和裁用とされる和針がありますが、どちらを使うかはお好みで。いろいろな太さ、長さの針がセットになったパックが便利です。

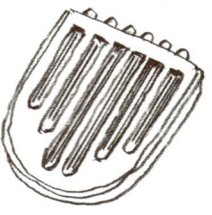

□手ぬい糸
平らなカード巻きタイプと、筒型のボビン巻きタイプがあります。基本は普通地用の60番。まずは用途の広いポリエステル製の白と黒の糸を用意しましょう。

□ボタンつけ糸
丈夫な太めの糸がボタンつけ用として市販されています。いろいろな色が少量ずつセットになったものが便利です。

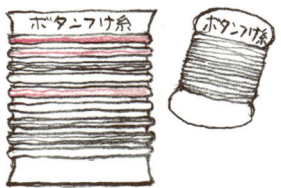

□スレダー（糸通し）
小さい穴に糸を通すのが苦手、という人は、用意しておくと便利。薄型の簡単なものからスタンド式まで、いろいろなタイプがあります。

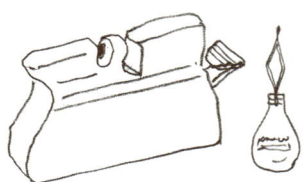

□まち針
頭がガラス玉のタイプ（頭が小さく針が細い）は薄い布、平らなセルのタイプ（頭が大きく針が太め）は厚手の布に。上からアイロンをかけても大丈夫な、耐熱性を選びましょう。

□ピンクッション
針を刺しておくクッションタイプのほか、針をしっかりキャッチしておけるマグネットタイプも便利です。

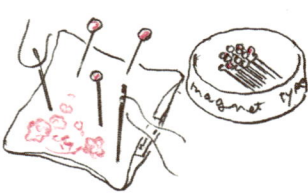

□指ぬき
なくても作業はできますが、厚手の布をぬうときなど、押す力が必要なときはあるとラクです。

□はさみ
糸や細かい部分を切る「糸切りはさみ」、布を切る「裁ちばさみ」、糸と布以外のものを切る「クラフトはさみ」の3種類が基本セット。糸と布を切るはさみは共用にすると切れ味がにぶるので、別々に。

クラフトはさみ

糸切りはさみ

裁ちばさみ

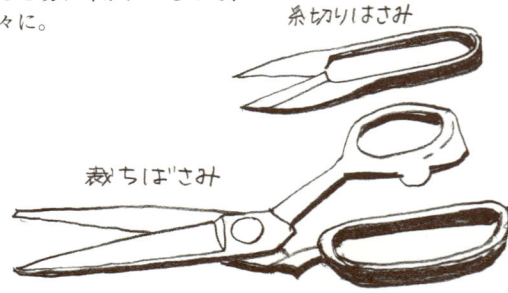

□アイロン・アイロン台
お裁縫の必需品。ぬい代を倒したり、ぬい目を整えたり、きれいな仕立てには欠かせません。

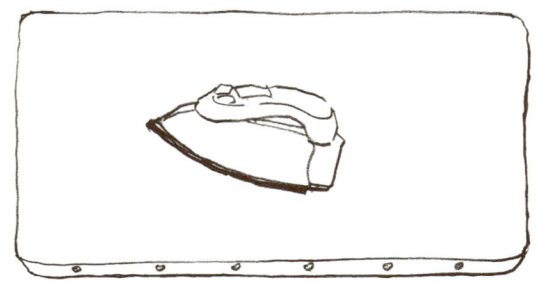

□定規
下が見える透明アクリル製で、5mm方眼が入っているタイプがおすすめです。

□しつけ糸
本ぬい前の仮どめぬいに使います。基本の白糸（しろも）のほかに、カラータイプもあります。

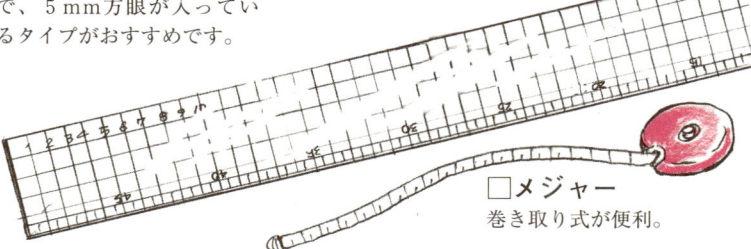

□メジャー
巻き取り式が便利。

□チャコペン・チョーク
布に型紙の線をつけたり、印をつけたりするときに使います。布によっては落ちにくい場合があるので、「水で消える」タイプがおすすめです。チョークはパウダーを充填してくり返し使えるタイプが便利。

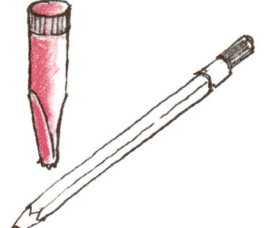

□チャコペーパー
2枚の布にはさんで表からルレットでなぞると、2枚同時に印つけができます。しっかり印をつけておきたいときに。

□ルレット
おもに布に押しあてて印をつけるときに使います。刃先が鈍角のソフトルレットが一般的です。

□リッパー
ぬい目をほどいたり、ボタンホールの穴を開けたりするときに使います。

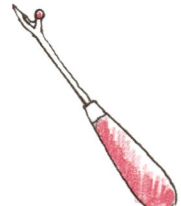

□目打ち
角をきれいに出したり、布にチョークで印をつける代わりに穴を開けたりと、用途の多い道具。

□両面接着テープ
まち針で固定しにくい箇所などをこのテープでとめておくと、作業がラクになり、仕上がりもきれいに。布や針がダメージを受けにくい水溶性タイプがおすすめです。

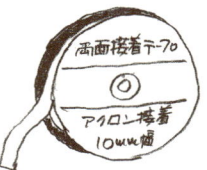

□ウエイト
型紙を布に写すとき、型紙にのせて固定するおもし。文鎮などでも代用できます。使わない場合は、まち針で型紙を布に固定します。

**One point advice
ツールボックスはお裁縫箱にも便利！

　細々としたものが多いお裁縫道具は、専用のお裁縫箱を作って収納しておきたいもの。でも、ひと通りの道具を使いやすく整頓しておくのは、なかなか大変です。そんなお裁縫道具の収納問題を解決する方法として、おすすめなのが工具箱。細かい仕切りを活用すると、さまざまな道具や材料がスッキリ収まります。加えて、どうしても増えてしまう糸は、色が見えるよう薄いトレーなどに並べてしまっておくと、必要な色がすぐに取り出せて便利です。

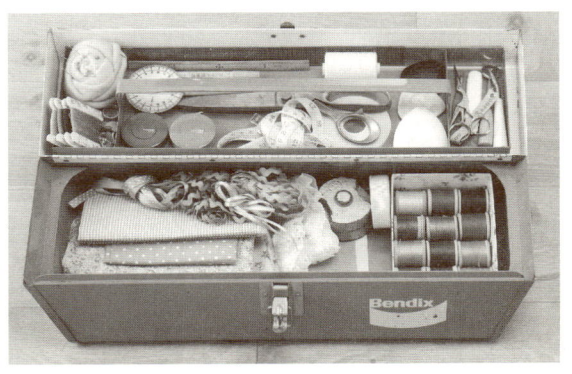

Q.3 針、糸の選び方ってありますか？

お裁縫はとりあえず針に糸を通せばできるので、適当に選んでしまうことが多いかもしれません。でも、作業中のトラブルの原因が、じつは布・針・糸の組み合わせにある場合も。選び方のコツをおさえておきましょう。

- 薄い布を太い針、糸でぬうと、穴が目立ってしまったり、玉止めが抜けてしまったりというトラブルのもとに。
- 和針には「太くけ」「三ノ五」といった昔ながらの分類があり、太さのほか長さにも種類があります
- 針は太さだけでなく長さや穴の大きさも違うので、用途に加え、使いやすさを目安に選びましょう

布、針、糸の組み合わせの目安です

布の種類	メリケン針	和針	手ぬい糸の種類
キルティング		ふとん針	20〜30番
フェルト・スエード	4〜5番		ボタンつけ糸など
フェルト・厚地木綿など　※厚地	6番	普通針5番（中くけ） 長針2〜3番（大くけ）	30番
木綿・ウール・麻など　※普通地	7番	普通針5番（三ノ五・がすぐけ） 長針2番（もめんえりしめ・がすえりしめ） 短針8〜9番（三ノ三〜二）	30〜60番
薄手木綿・薄手ウールなど　※やや薄地	8番	普通針5番（つむぎぐけ） 長針2番（つむぎえりしめ）	60番
絹・薄手ウールなど　※薄地	9番	普通針9番（四ノ二） 長針9番（きぬえりしめ） 短針8〜9番（四ノ三〜二）	60〜90番

数字が大きくなるほど細くなる（20→90）

糸づかいのちょっとしたコツ　**One point advice

①手ぬい糸とミシン糸は別々に

手ぬい糸とミシン糸は、よりの方向が逆なので、ミシン糸を手ぬいに使うと、作業中に糸がよじれやすくなります。また、手ぬい糸をミシンに使うとミシンが故障する原因になる場合も。できれば用途に合わせた専用のものを用意して。

●ぬい糸はSより　●ミシン糸はZより

②飾りステッチの針と糸

ステッチ自体をデザインに生かす飾りステッチ（作り方ページの⑤マークの箇所）に、本書では細めのニット用とじ針と5番刺しゅう糸という組み合わせを使用しています。こんなふうにあえて太めの針と糸を使うのも、手ぬいの楽しみのひとつ。

Q.4 ぬい始めとぬい終わりの「正しい方法」って、あるんでしょうか？

A ぬい始めは「玉結び」、ぬい終わりは「玉止め」で結び目を作って糸の抜けを防ぐのが基本。また、針に通す糸の長さは「下手の長糸」ということばもあるように、欲ばって長くしすぎるのは失敗のもと。基本をチェックしておきましょう。

●針と糸の準備

① 針に糸を通す
ななめにカット

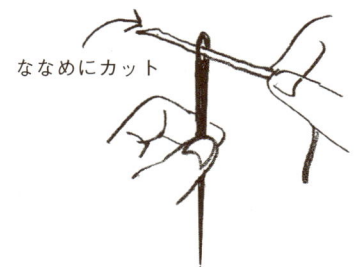

★スレダーを使う場合
リング／糸
①スレダーのリングを針穴に通す
②リングに糸を通す
③スレダーを引き抜く

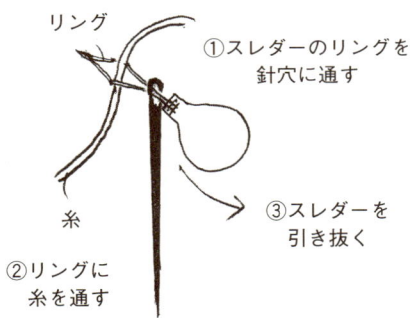

② 糸を切る
約75cm
POINT

★丈夫にぬうときは2本どりに。
（1本の糸を二重にし、糸端を2本合わせて玉結びする）
糸の長さは1本どりの約2倍必要です

③ 糸端を玉結び
①人差し指に糸をぐるっと1回巻きつける
②人差し指を押しつけるようにすべらせて、糸をよじる
③結び目を引き締める

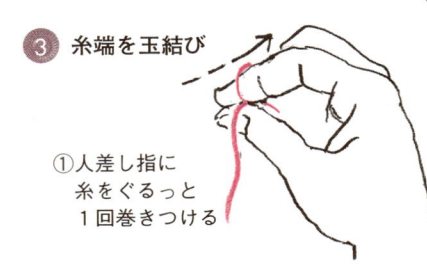

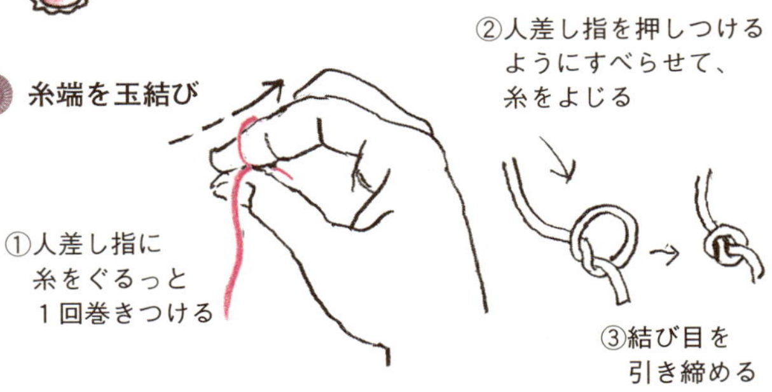

●ぬい終わりの「玉止め」

③ 針を引き抜く
① とめる前に1目返しぬい
② 2〜3回巻きつける
巻きつけた部分をおさえる

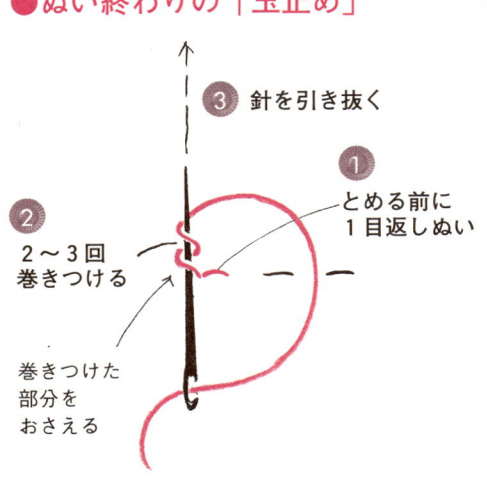

●玉止めの隠し方

③ 糸を切る
織り糸を1〜2本すくう
② 中を通って2〜3目戻り、織り糸を1〜2本すくってから元の位置に針を戻す
① 際で玉止め
たてまつり
玉結びは内側に隠す

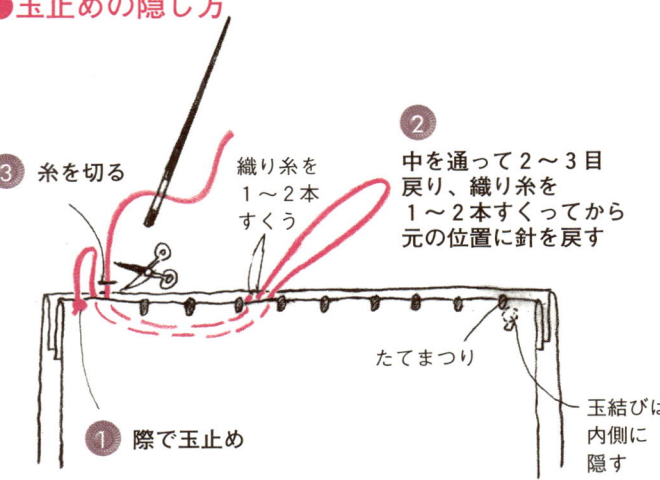

Q.5 「正しい針の持ち方」って、ありますか？

持ちやすい持ち方で、ぬうときもぬいやすい方法で大丈夫ですが、基本とされているのは下のような方法です。左利きの人の場合は、針を左手に持ち、布の左側からぬい進めていきます。

●針の持ち方

★指ぬきのつけ方

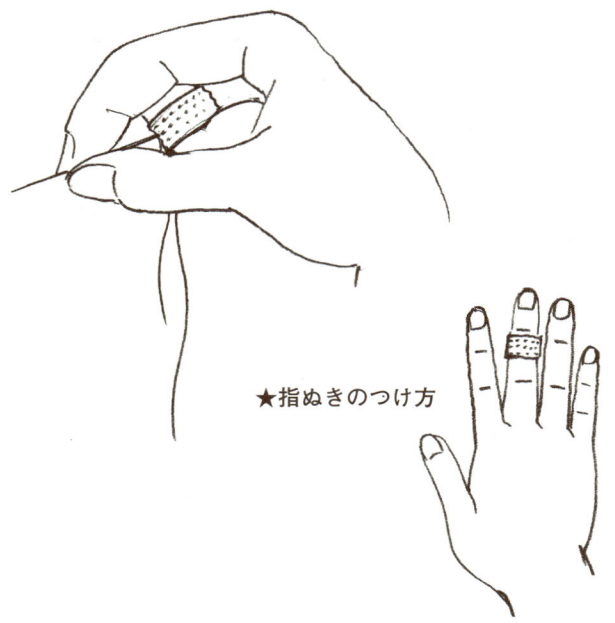

> **One point advice
> ### 手ぬい用指ぬきは「リング型」
>
> 市販の指ぬきにはリング型のほか、指にかぶせるサック型などもありますが、指先につけるタイプはキルトやパッチワークなど、より強く押す力が必要な作業用。一般的な手ぬいの際に使用するのは、中指にはめるリング型です。
>
> リング型　　　サック型
>
>

●基本のぬい方（並ぬいの場合）

1. 左手を上下させて右から左へ針を進める

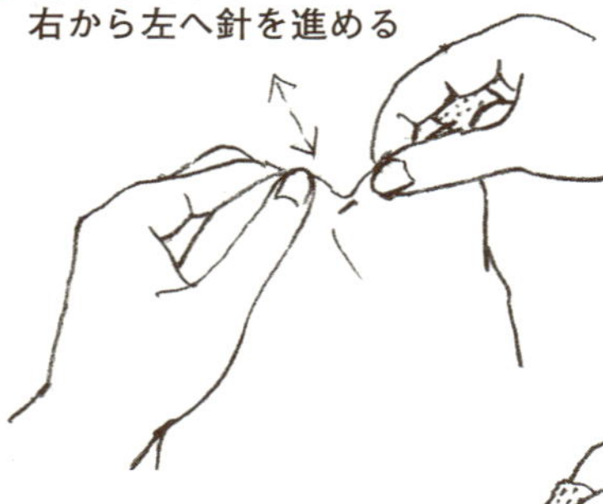

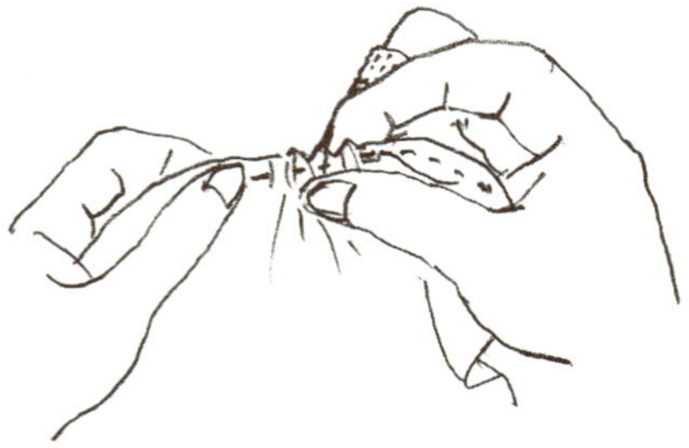

2. 布がたまってきたら、右手で布を伸ばす

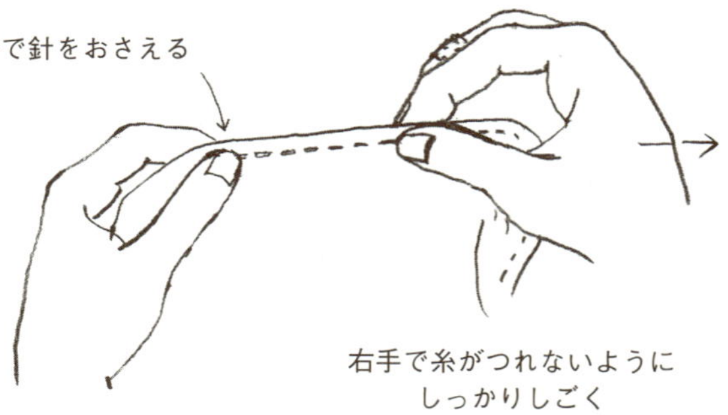

左手で針をおさえる

右手で糸がつれないようにしっかりしごく
（この動作を「糸こき」といいます）

Q.6 「まち針」と「しつけ」ってどう使い分けるの？

A ぬう前に布を仮どめしておく「まち針」と「しつけ」。基本はぬう手間が不要な分手軽なまち針ですが、まち針が打ちにくい場合や、作業中に手や指に針が刺さってしまいそうな場合はしつけを使います。

●まち針の打ち方の基本

★正しい打ち方

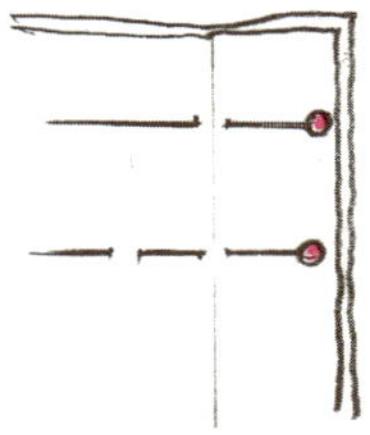

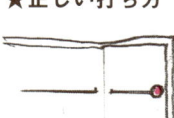

★間違った打ち方

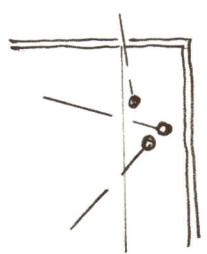

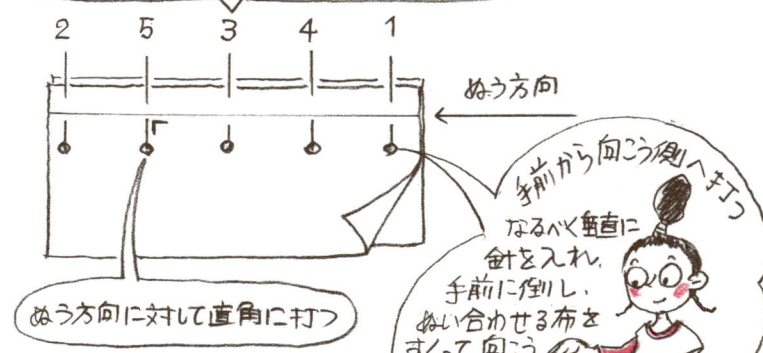

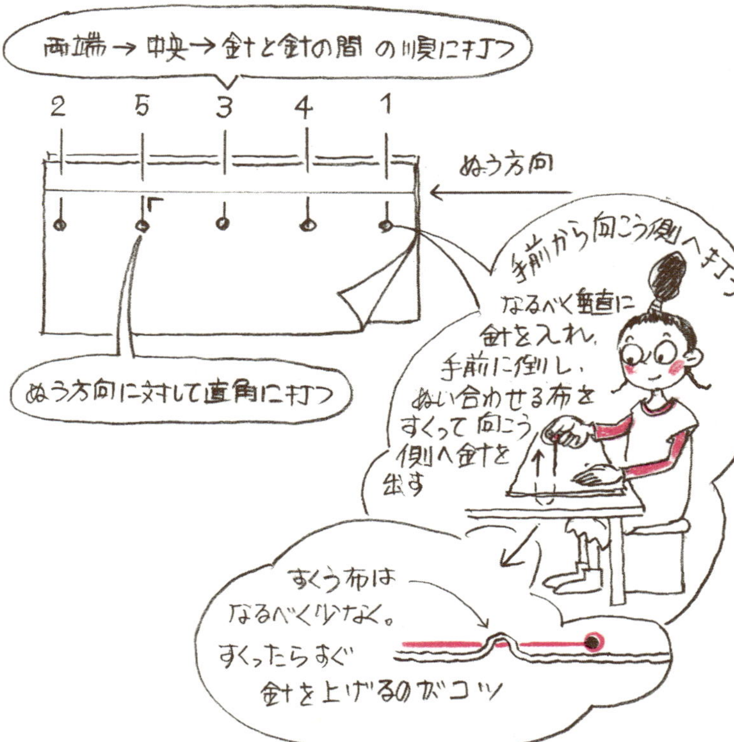

両端 → 中央 → 針と針の間 の順に打つ

ぬう方向に対して直角に打つ

手前から向こう側へ打つ
なるべく垂直に針を入れ、手前に倒し、ぬい合わせる布をすくって向こう側へ針を出す

すくう布はなるべく少なく。すくったらすぐ針を上げるのがコツ

●しつけぬいのぬい方

★ぐしぬい
針先だけを動かして細かくぬう

0.2 / 0.2

★置きじつけ

2～2.5 / 0.2～0.3

●置きじつけは布を台の上に置き、あいている側の手で布をしっかり押さえてひと針ずつ布に垂直に刺し、布がずれないようにしながらぬっていく

One point advice
「かせ」の糸のまとめ方

糸を束ねた「かせ」の状態の糸は、下のようにしてまとめておくとすぐに取り出せて便利です。

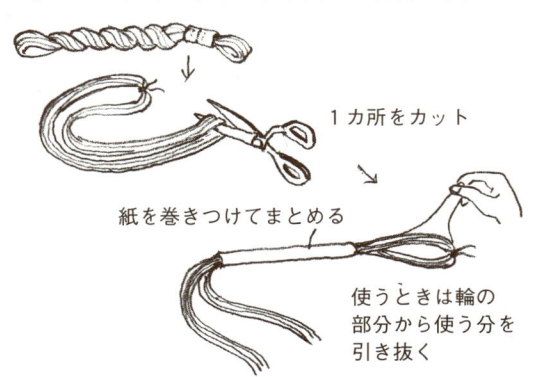

1カ所をカット

紙を巻きつけてまとめる

使うときは輪の部分から使う分を引き抜く

 **Q.7 どんなぬい方を覚えておけばいいですか？**

 学校でも習う並ぬい、まつりぬい、返しぬいのほかにも、目的や用途に合わせたいろいろなぬい方があります。基本的なものを以下にご紹介しますので、必要に応じて使い分けてみてください。

●並ぬい

基本中の基本のぬい方。簡単にぬい合わせたいときや、しつけぬいに使います。大きなぬい目でざっくりぬい、最後に糸を引きしめてギャザーを寄せる、といった使い方もあります。表から見ても裏から見ても、同じぬい目ができあがります。

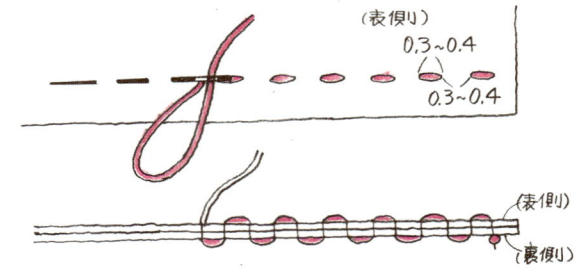

●ぐしぬい

より細かい目の並ぬい。しつけぬいやいせぬいに使います。針先だけを動かして、細かくぬうのがコツ。

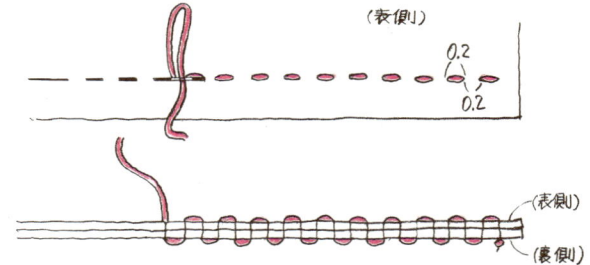

●全返しぬい（本返しぬい）

つねにひと針分ずつ戻りながらぬい進めて、しっかりとぬい合わせるぬい方。表から見ると、ミシン目のように仕上がります。

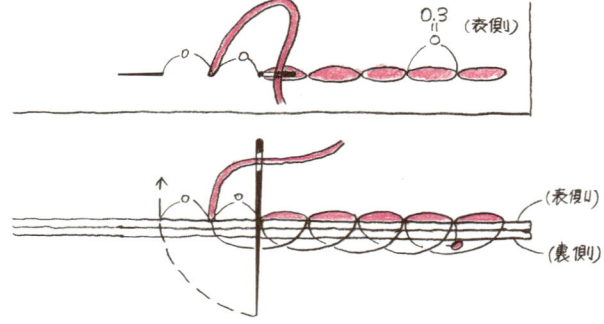

●半返しぬい

全返しぬいと同様の運針で、布をしっかりぬい合わせることができます。針を前に進めるときに、本返しぬいよりも少し多めに進めることで、表から見ると並ぬいのように仕上がります。本書の作品作りでは、このぬい方がぬい合わせの基本です。

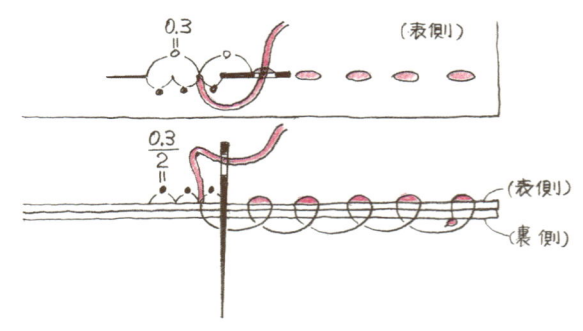

●巻きかがり

布端のほつれを防いだり、あき口を閉じたりするためのかがりぬい。ほつれた部分の補修や、やぶれた布の補修にも使えます。より細かく、ぬい目が目立たないようにぬうと、きれいな仕上がりに。

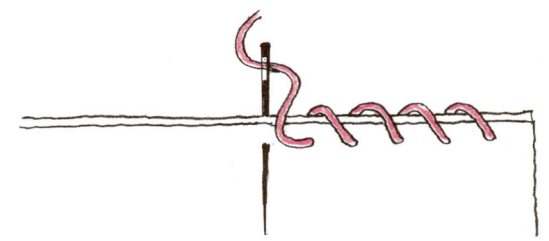

●ブランケットステッチ

おもに布端のほつれ止めや、アップリケをするときに使います。ぬい目のかわいらしい雰囲気を活かして、縁飾りとしても使われます。もともとは刺しゅうの飾りステッチで、「ステッチ」が省略されて単に「S」と表示される場合もあります。

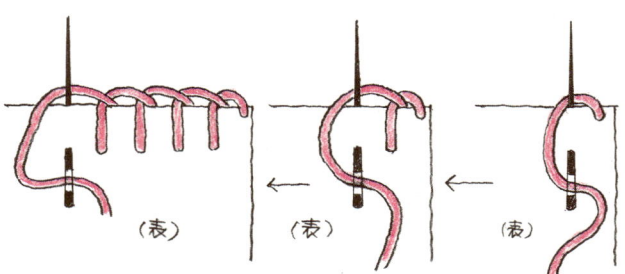

●たてまつり

折り代をぬいとめたり、あき口をとじたりするときのぬい方。スカートやパンツのすそ上げにも使います。ずれにくく、表面に出るぬい目の分量も少ないので、糸がすり切れにくく、長持ちするのがメリット。針目を細かくするほど、きれいに仕上がります。

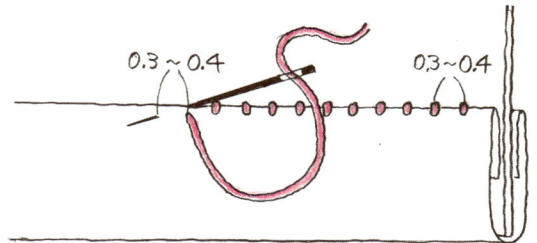

●流しまつり

表面に出る糸の分量が多いため糸がすれやすくなりますが、一番手早くぬえるまつり方。布裏に隠れる部分を簡単にまつりたい、というときなどに使います。

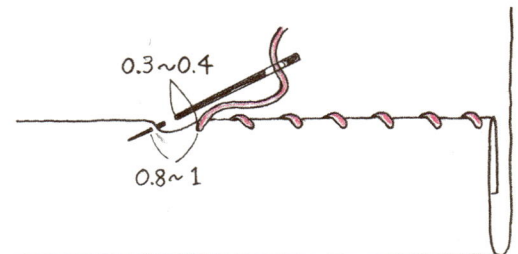

「玉止めができない！」というときの糸の足し方　　**One point advice

●奥まつり

ぬい糸を折り代と表布の間に隠すため、たてまつりよりさらに糸がすり切れにくく、長持ちするまつり方。表にひびきにくいという特長もあります。

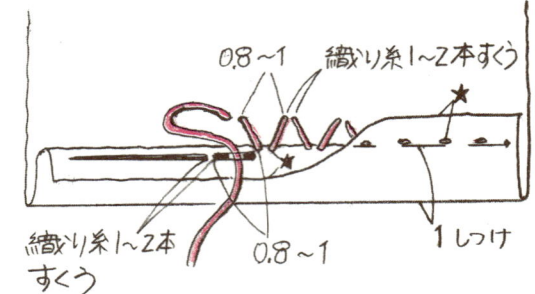

●コの字まつり

布の折り山同士をつき合わせて、名前のとおりコの字型にまつっていく方法。できあがると、表からも裏からもぬい目が見えません。裏地つきの洋服のぬい目のほころびを、表から補修したいときなどにも使えます。

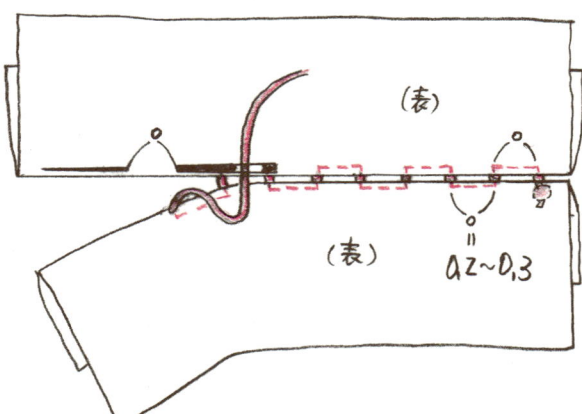

●千鳥がけ

上下交互に布をすくっていくため、引き寄せる力とあそびの両方がほどほどにあり、しっかりとめられるまつり方。独特の×形のぬい目をデザインとして活かしたいときにも。

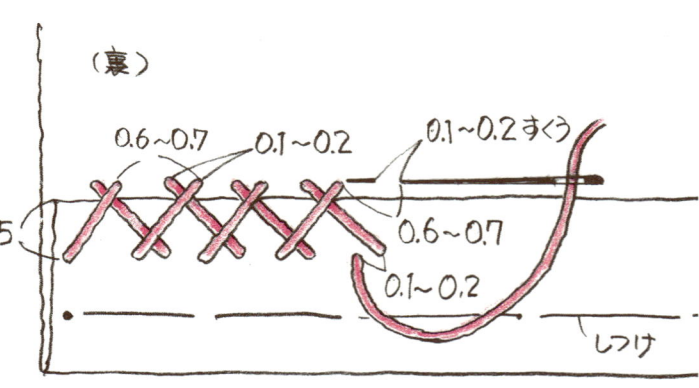

●星止め

表側の目は小さくしつつ、裏側でしっかりすくうため、表からのぬい目は目立たせずにしっかりぬい合わせることができます。開け閉めの負荷がかかるため、通常より丈夫にとめる必要のあるファスナーつけなどに使います。

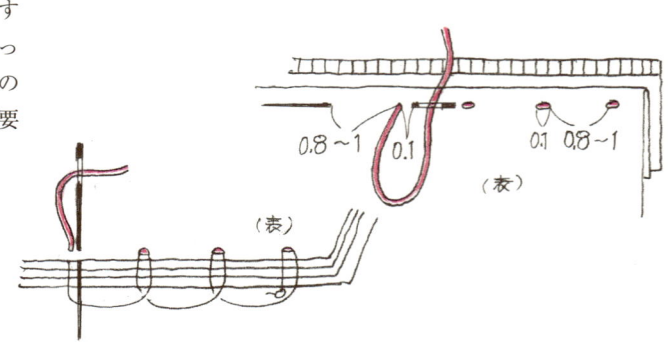

Q.8 「製図」や「裁ち方図」の見方がわかりません。

A お裁縫の設計図ともいえる「製図」には、型紙作りに必要な情報が盛り込まれています。また、「裁ち方図」は布を裁断するときに、なるべくムダを出さず、間違いなく作業をするための型紙配置の見本。次のようなポイントを確認しましょう。

●製図（寸法図）の基本的な見方

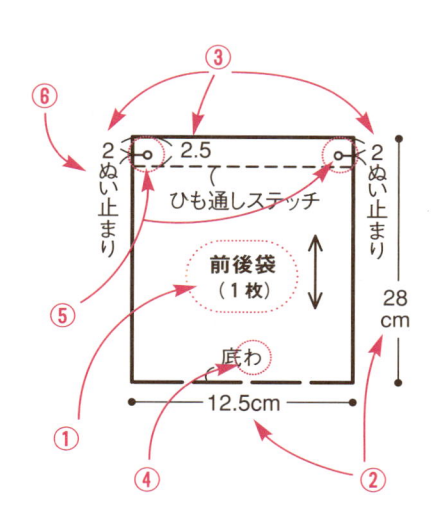

①パーツ名　②外寸　③部分寸法　④わ　⑤合印　⑥ぬい止まり

（図中の寸法・表記）
- ③ 2.5
- ⑥ 2 ぬい止まり
- ひも通しステッチ
- 前後袋（1枚）
- 底わ
- 28cm
- 12.5cm

一般的な製図には、①～⑥のような要素が登場します。それぞれの要素からは、以下のようなことがわかります。

①**パーツ名**…そのパーツが、作品のどの部分にあたるかを表示しています。（○枚）などと記載されているのは、そのパーツを裁断する枚数です。

②**外寸**…型紙を作るときは、まずこの寸法の長方形を描き、タテヨコの線を基準に内側の線や印を描いていきます。

③**部分寸法**…内側の線を描くときに必要になる、部分の寸法。

④**わ**…布を裁断するとき、わ（布の折り山）に合わせて裁つライン。多くの場合、破線で示されています。

⑤**合印**…2枚以上の布をぬい合わせるときに、ずれないようにするためにとめておくポイント。型紙にも写しておき、裁断した布にもチョークなどで印をつけます。

⑥**ぬい止まり**…あき口などを残す場合のぬい終わりのポイント。このポイントもパターンに写し、裁断した布にも印をつけておきます。

※型紙の作り方は、36ページ参照

●裁ち方図の基本的な見方

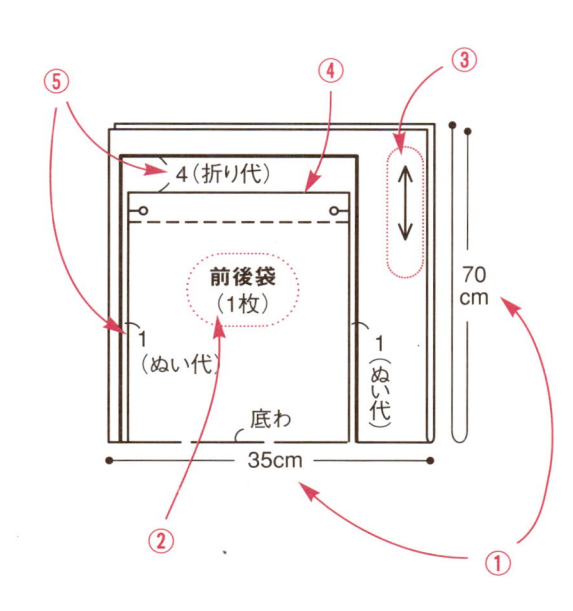

（図中の表記）
- 4（折り代）
- 前後袋（1枚）
- 1（ぬい代）
- 1（ぬい代）
- 底わ
- 70cm
- 35cm

一般的な裁ち方図には、①～⑤のような要素が登場します。それぞれの要素から、以下のようなことがわかります。

①**用尺と置き方**…使用する布の用尺と、その布をどうやって使うか（部分的にわにして型紙を配置するなど）も表示されています。

②**パーツ名**…パーツの名称。これは型紙のパーツ名でもあるので、どの型紙をどこに置くかの目安にもなります。

③**布目**…布目の方向を示す矢印。この矢印と布のタテ糸が平行になるように、布に型紙を置きます。

④**できあがり線**…作品ができあがったときのアウトライン。ぬい代の内側のラインです。

⑤**ぬい代幅・折り代幅**…ぬい代の幅（ぬい代つきの型紙の場合、製図に記載されている場合もあります）や、折り代の幅。

Q.9 型紙ってどうやって作るの？

A 手ぬいかミシンかによらず、お裁縫でもの作りをするときまず最初にするのが型紙作り（単純な形のものなら、型紙を作らず布に直接パターンを引く「じか裁ち」もできます）。基本的な作り方をご紹介します。

●製図や寸法図から作る場合

★製図

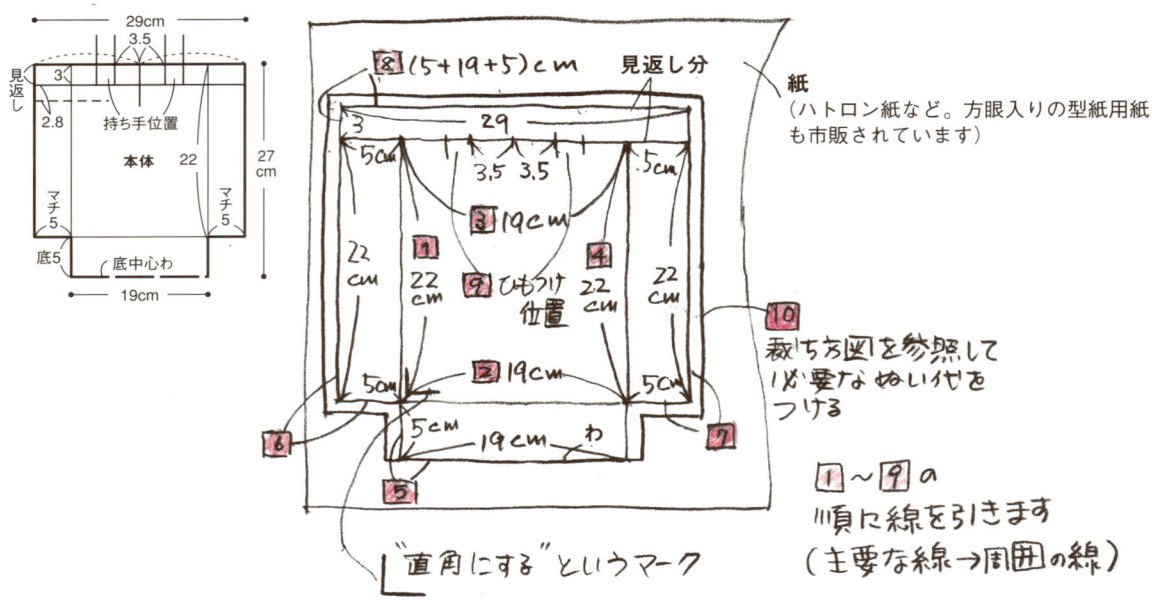

紙（ハトロン紙など。方眼入りの型紙用紙も市販されています）

裁ち方図を参照して必要なぬい代をつける

①〜⑨の順に線を引きます（主要な線→周囲の線）

"直角にする"というマーク

雑誌などの角は直角！①の線に雑誌の一辺を当てて引くと直角です

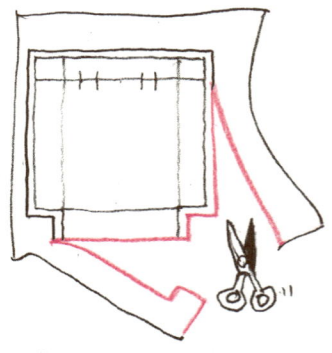

⑪ぬい代をつけて切り抜く

ぬい代は、つけない場合もあります。ぬい代つきの型紙は型紙通りに裁断できるので、ぬい代を取り忘れる心配がなく初心者向きです。

●本などに載っている型紙から作る場合

① 型紙を指定のサイズでコピーする

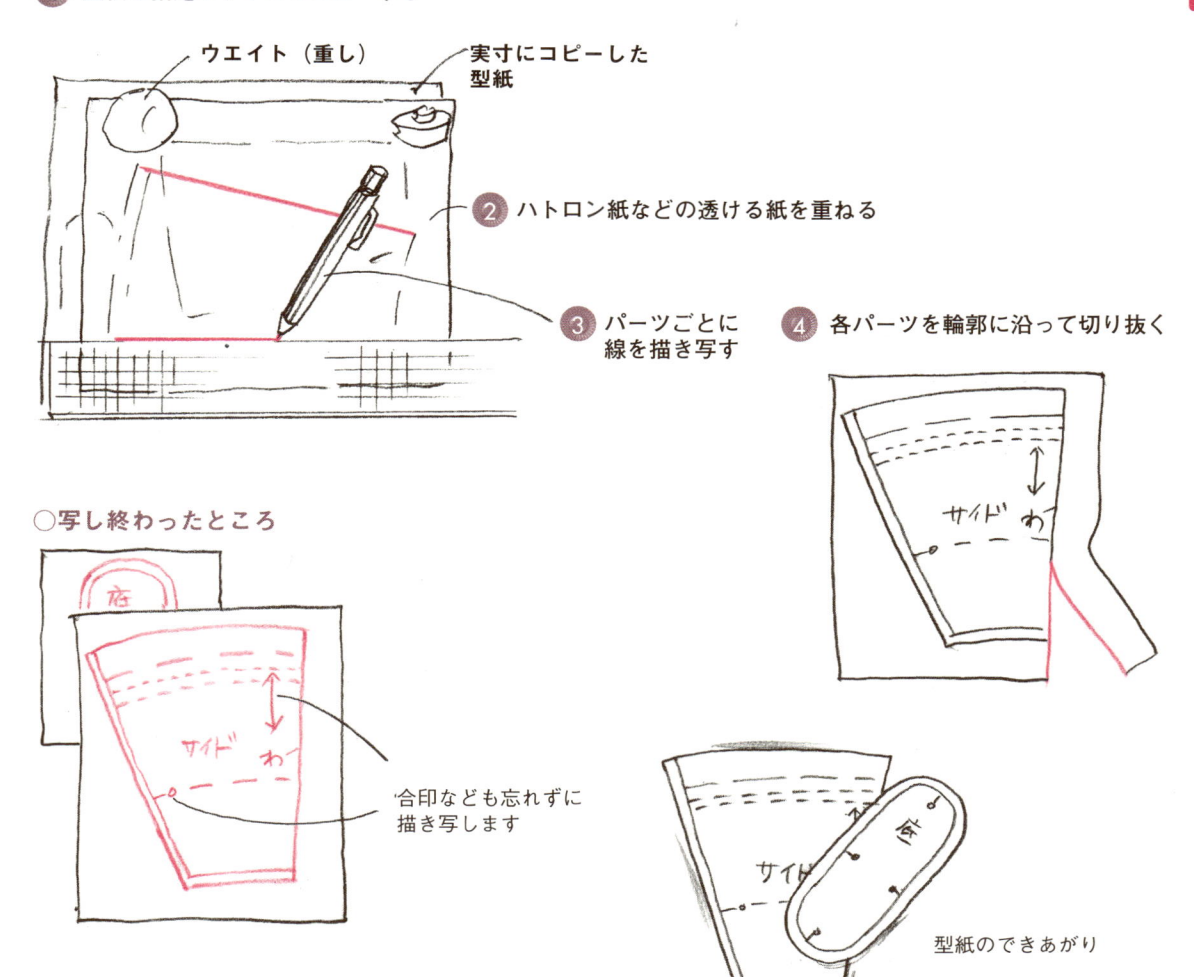

- ウエイト（重し）
- 実寸にコピーした型紙

② ハトロン紙などの透ける紙を重ねる

③ パーツごとに線を描き写す

④ 各パーツを輪郭に沿って切り抜く

○写し終わったところ

合印なども忘れずに描き写します

型紙のできあがり

●布に直接線を引きじか裁ちする場合

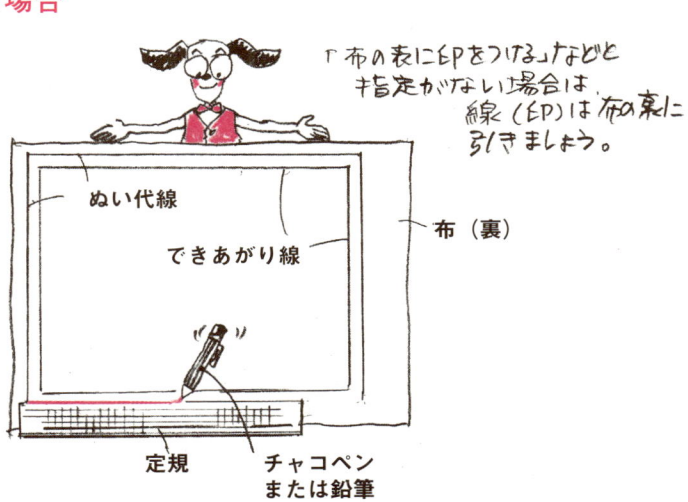

ランチョンマットなど単純な直線だけでできているシンプルな形のものは型紙なしでOK。布裏に直接線を引いてしまいましょう。

「布の表に印をつける」などと指定がない場合は、線（印）は布の裏に引きましょう。

- ぬい代線
- できあがり線
- 布（裏）
- 定規
- チャコペンまたは鉛筆

PART 1 Q&A 9 型紙の作り方（本などに載っている型紙から作る場合／じか裁ちする場合）

Q.10 布の下準備として、ぬう前に必ずするのはどんなこと？

A 型紙を作ったら、布を裁断し、印をつけますが、とくに「洗ったら縮むかも…」と心配な布の場合は、最初に「地直し」をしておくのがおすすめ。布のゆがみがなくなるので、その後の作業もラクになり、仕上がりもきれいになります。

①地直しをします

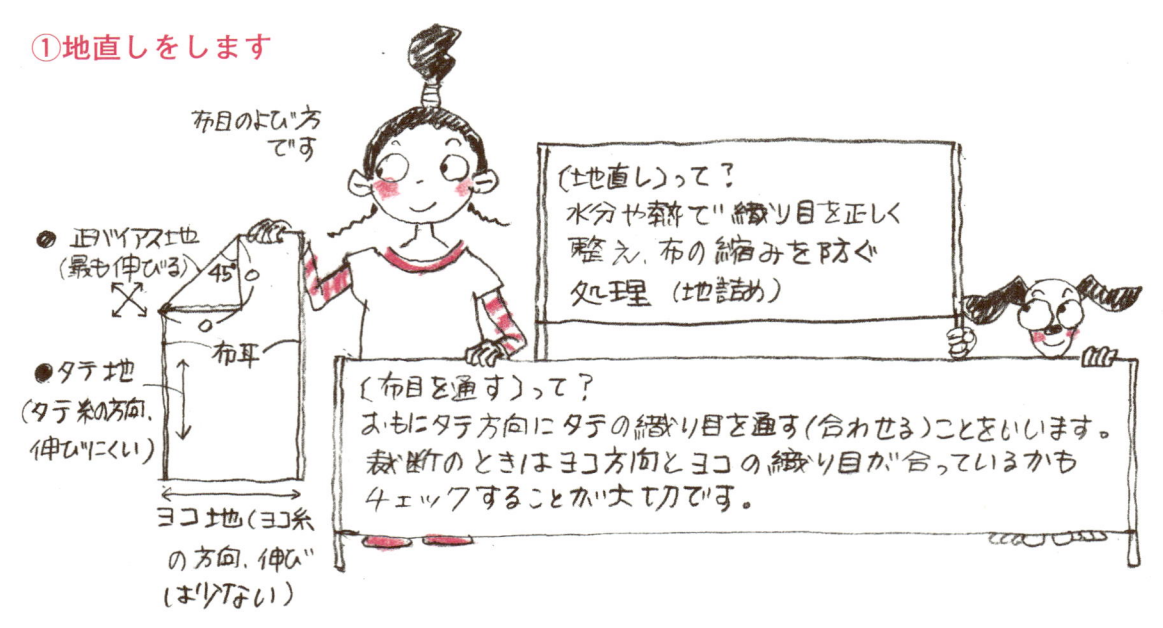

布目のよび方です

- 正バイアス地（最も伸びる）45°
- タテ地（タテ糸の方向、伸びにくい）
- ヨコ地（ヨコ糸の方向、伸びはりない）
- 布耳

「地直し」って？
水分や熱で織り目を正しく整え、布の縮みを防ぐ処理（地詰め）

「布目を通す」って？
おもにタテ方向にタテの織り目を通す（合わせる）ことをいいます。裁断のときはヨコ方向とヨコの織り目が合っているかもチェックすることが大切です。

●布目の通し方

1. ヨコ糸を1本抜く 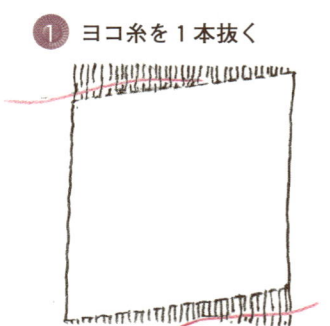
2. ヨコ糸に沿ってタテ糸をカット 
3. 四隅が直角になるまで引っ張って形を整える

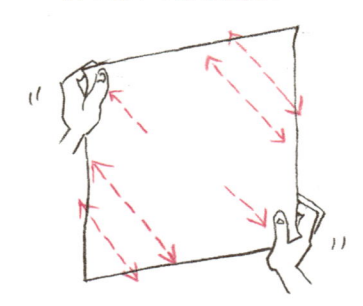

●地詰めの方法（おもに木綿や麻などの天然繊維）

水 / 布（びょうぶだたみにする）  
→ 絞らずに（洗濯機で軽く脱水する程度ならOK）陰干し
→ 布耳が伸びている場合はカット / 切り込み 5〜6cm / 布耳がつれている場合は5〜6cmおきに切り込みを入れる
→ タテ糸、ヨコ糸が直角に交差するようにアイロンをかける

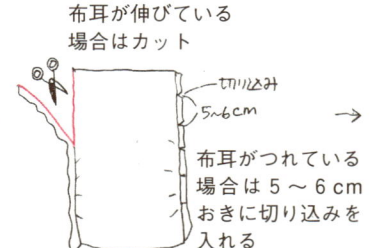

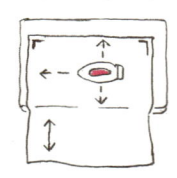

②裁断をします

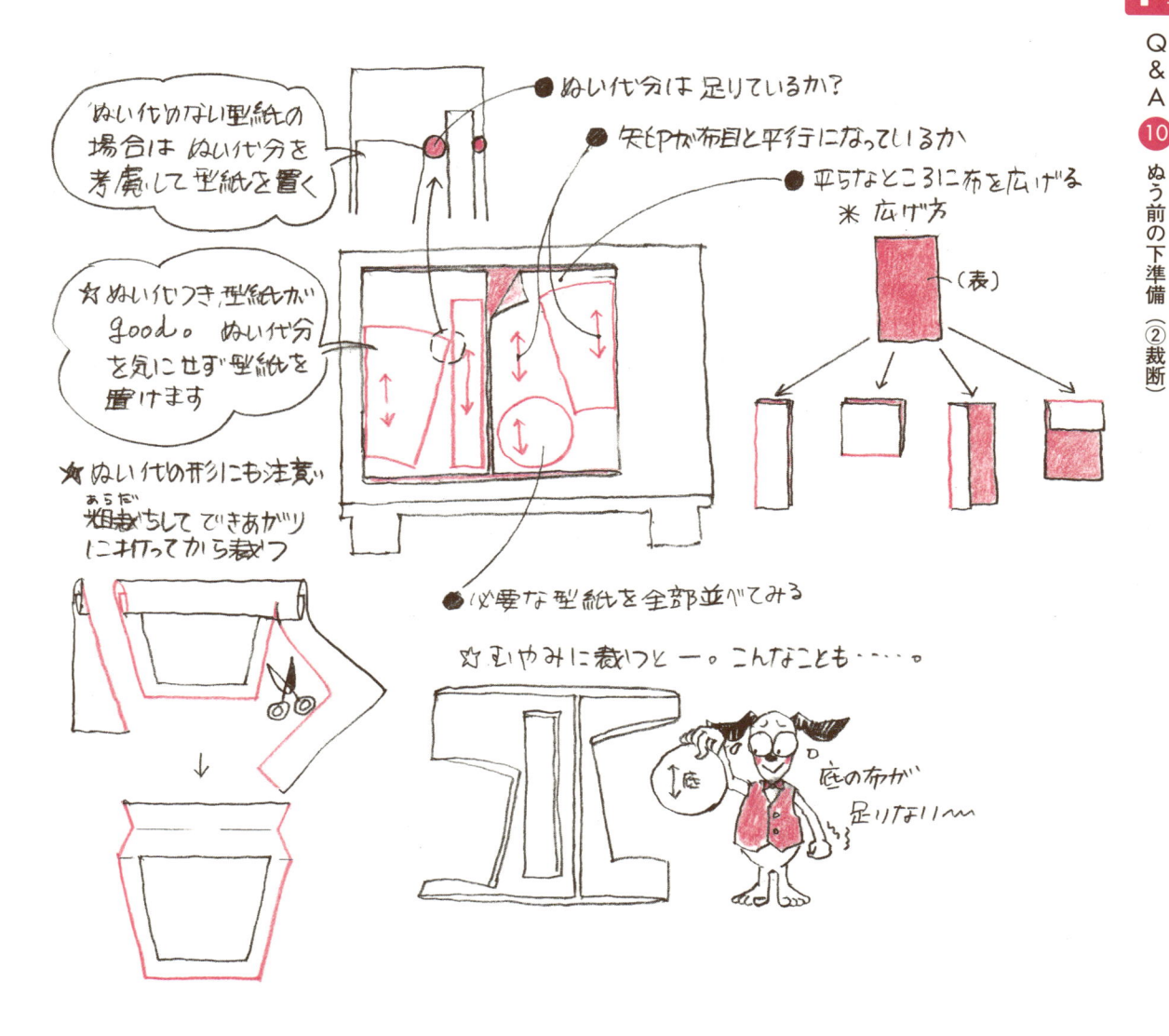

- ぬい代分は足りているか？
- 矢印が布目と平行になっているか
- 平らなところに布を広げる
  ※広げ方（表）

「ぬい代のない型紙の場合はぬい代分を考慮して型紙を置く」

「☆ぬい代つき型紙がgood。ぬい代分を気にせず型紙を置けます」

☆ぬい代の形にも注意!!
粗裁ちしてできあがりに折ってから裁つ

- 必要な型紙を全部並べてみる

☆むやみに裁つと — 。こんなことも……。

「底の布が足りない〜〜」

型紙を置く順序
- 大きい型紙（身ごろ、スカートなど）→ 小さい型紙（見返し、ポケットなど）
- 長いベルトなどがある場合は……
布耳のそばでベルト、ひもなど → 大きい型紙（身ごろ、スカートなど）→ 小さい型紙（見返し、えり、ポケットなど）

「大きい型紙の間に小さい型紙を置き、むだなあきをつくらずに配置して余りの布をできるだけ多く — 。ということ…。」

PART 1 Q&A 10 ぬう前の下準備（②裁断）

③印つけをします

●ぬい代つき型紙を使った場合

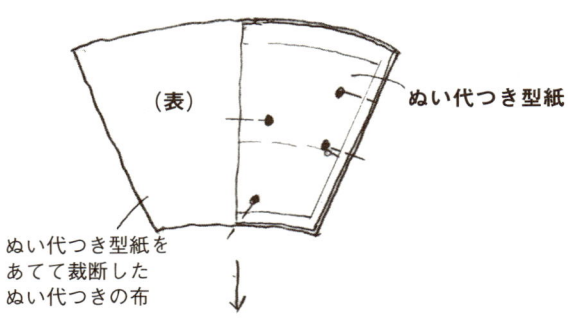

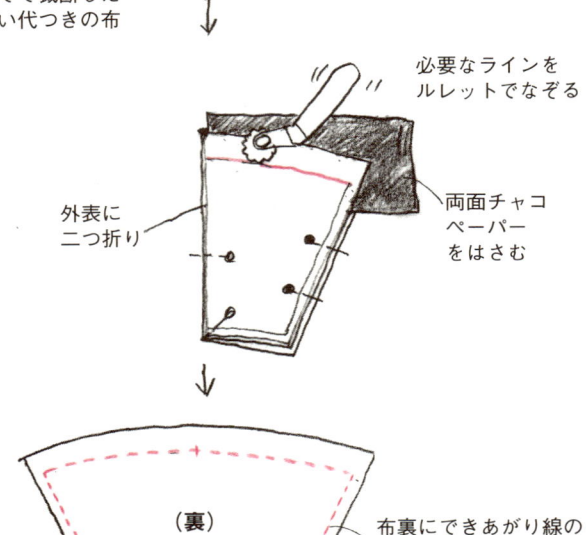

ぬい代つき型紙

(表)

ぬい代つき型紙をあてて裁断したぬい代つきの布

必要なラインをルレットでなぞる

両面チャコペーパーをはさむ

外表に二つ折り

(裏)

布裏にできあがり線の印がつく

> **「印つけ」って?**
>
> 裁った布の裏側にできあがり線など、ぬい合わせるときの目安になる線や印を描くこと。合印、あき止まり、ボタンつけ位置などの印もお忘れなく!

●ぬい代なしの型紙を使った場合

★チョークまたは鉛筆で印をつける

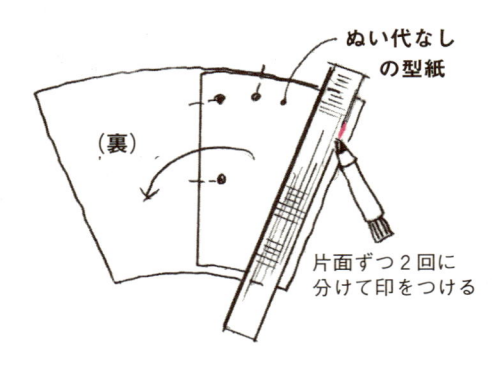

ぬい代なしの型紙

(裏)

片面ずつ2回に分けて印をつける

★チャコペーパーで印をつける

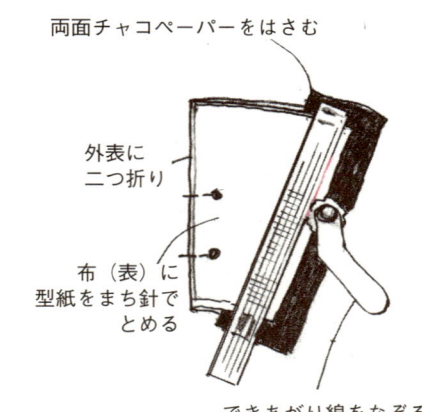

両面チャコペーパーをはさむ

外表に二つ折り

布(表)に型紙をまち針でとめる

できあがり線をなぞる

小物の型紙はぬい代つきがおすすめ。ぬい代つきで布を裁つことになります。ここでの印つけはおもにできあがり線の印つけとなります

ぬい代つき型紙

PART 2

基本のぬい方・仕立て方を作りながらマスター
かんたん手ぬいレシピ

ITEM 01 ふきん・ぞうきん

お裁縫の練習アイテムとして定番中の定番のぞうきんですが、アップリケとステッチでひと工夫。ふきんとあわせて、2種類の布端処理をマスターしましょう。

★ ふきん（ディッシュクロス）

はじめる前に

用意する材料
- 布［ワッフル地］59×43cm
- アップリケ用ハギレ適宜
- 5番刺しゅう糸

仕上がり寸法
- タテ×ヨコ　39×55cm

●寸法＆手順ガイド

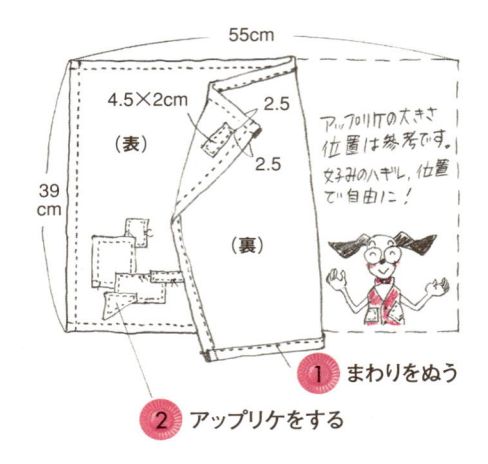

55cm / 39cm / 4.5×2cm / 2.5 / 2.5
（表）（裏）

アップリケの大きさ位置は参考です。好みのハギレ、位置で自由に！

1. まわりをぬう
2. アップリケをする

●裁ち方図

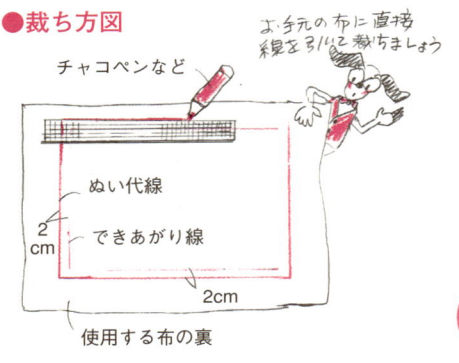

チャコペンなど
お手元の布に直接線を引いて裁ちましょう

ぬい代線 / できあがり線 / 2cm / 2cm
使用する布の裏

1 まわりをぬう

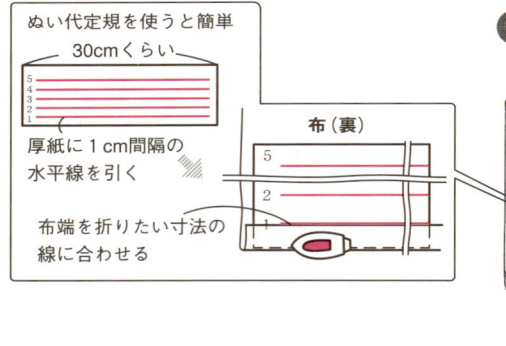

ぬい代定規を使うと簡単
30cmくらい
厚紙に1cm間隔の水平線を引く
布端を折りたい寸法の線に合わせる

布（裏）

① ぬい代をアイロンで三つ折りにする
布（裏） 1 / 1 / 1

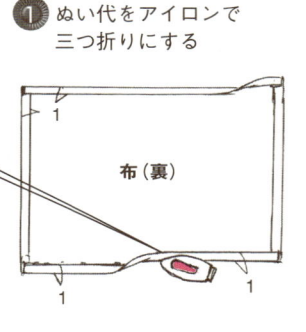

② 表から並ぬいでぬい代を押さえる Ⓢ
（表）

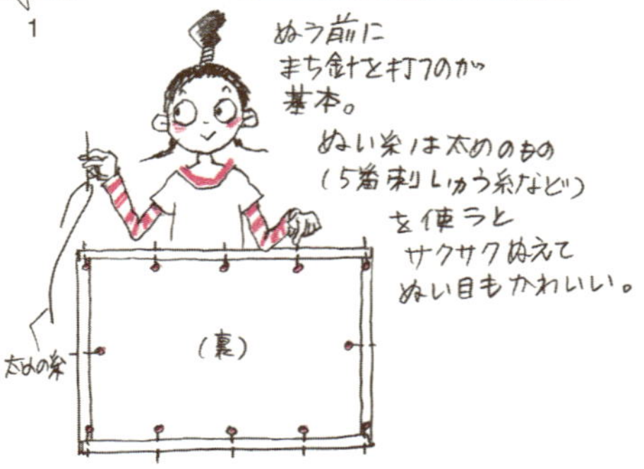

ぬう前にまち針を打つのが基本。ぬい糸は太めのもの（5番刺しゅう糸など）を使うとサクサクぬえてぬい目もかわいい。

（裏）

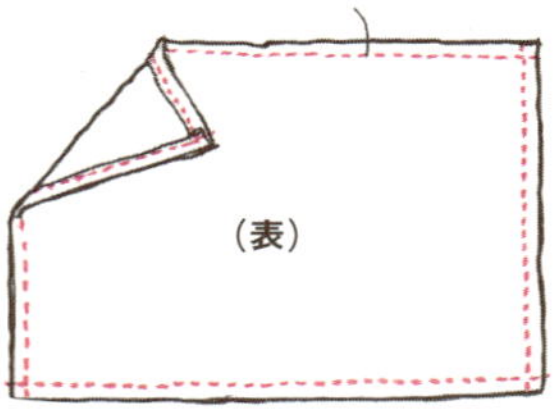

2 アップリケをする

ハギレをぬいつけるだけでアップリケに！

ふきん（表）
（表）（表）
切りっぱなしのハギレ
5番刺しゅう糸好みの色で並ぬい Ⓢ

ハギレの寸法
6×7.5cm / 3×4cm / 4.5×1.5cm / 7×4cm
3.5 / 5 / 1.5

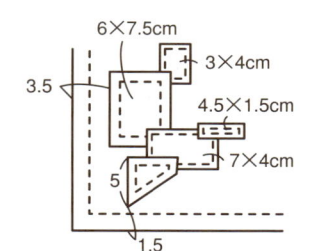

★ ぞうきん

はじめる前に

用意する材料
- 布［ワッフル地］29×40cm
- アップリケ用ハギレ適宜
- 5番刺しゅう糸

仕上がり寸法
- タテ×ヨコ　19×25cm

●寸法

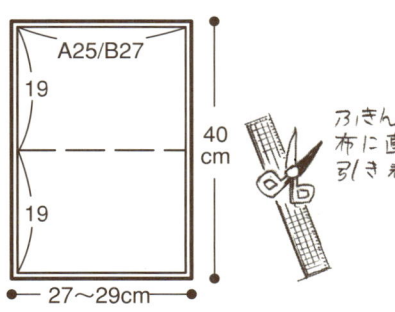

A25/B27
19
19
40cm
27〜29cm

ふきんと同様に布に直接線を引き裁ちましょう

●手順ガイド

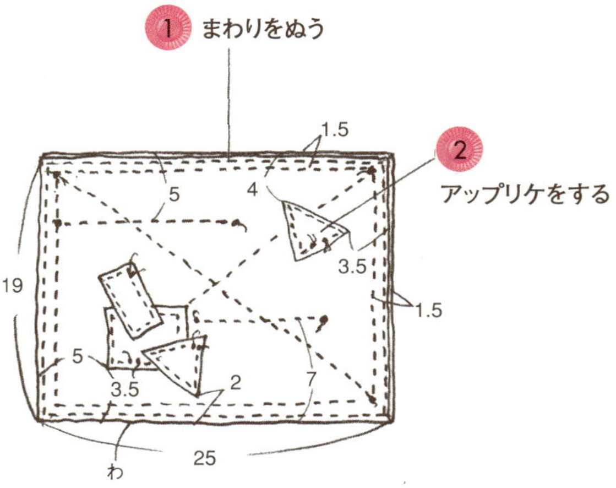

① まわりをぬう
② アップリケをする 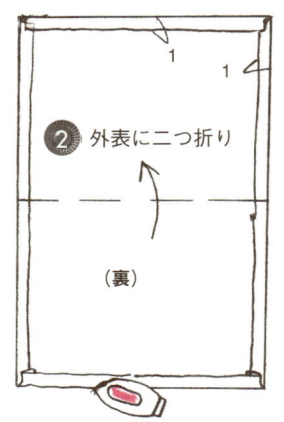

1.5 / 5 / 4 / 3.5 / 1.5 / 19 / 5 / 3.5 / 2 / 7 / 25 / わ

1 まわりをぬう

① ぬい代をアイロンで折る　1　1
② 外表に二つ折り　（裏）

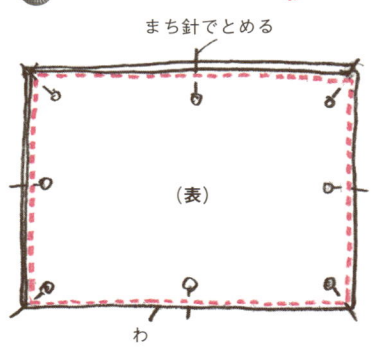

③ まわりを並ぬいでぬう Ⓢ
まち針でとめる
（表）
わ

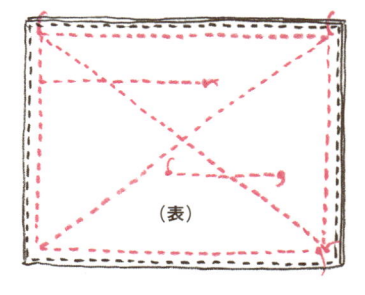

④ 内側に並ぬいでステッチ Ⓢ
（表）

2 アップリケをする（ふきん参照）

ハギレの寸法
2.5×5cm　5　4
4.5×6cm　4

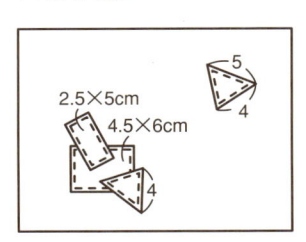

並ぬいのほかにクロスステッチなど見た目にかわいいステッチにするのもおすすめ

ITEM 02 コサージュ

花びら型にカットした布に花芯をまつりつければ、あっという間にコサージュのできあがり。ピンをつけずにバッグや洋服にぬいつけてワンポイントにしても。

はじめる前に
型紙はP.108

用意する材料（ひとつ分）
- 布（花びら、裏中心）［綿プリントなど］26×12cm
- 布（中心布）［綿プリントなど］5×5cm
- ポリエステル綿少々
- ブローチピンまたは安全ピン
- 手ぬい糸（本ぬい用）
- 5番刺しゅう糸（ステッチ用）

仕上がり寸法
- 直径約9cm

●裁ち方図
花びら、裏中心布 26cm × 12cm
花びら（14枚）
わ
裏中心布（1枚）
中心布（別布）（1枚）5×5cm
*すべてぬい代なし（切りっぱなしで使用）

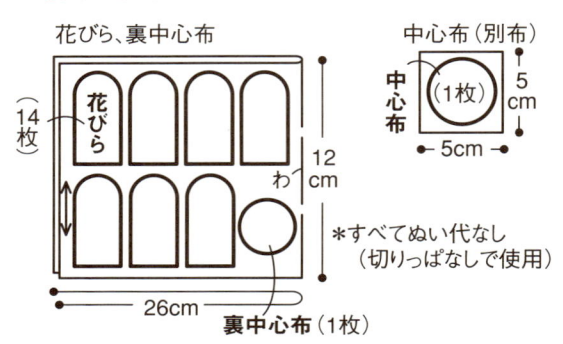

●手順ガイド

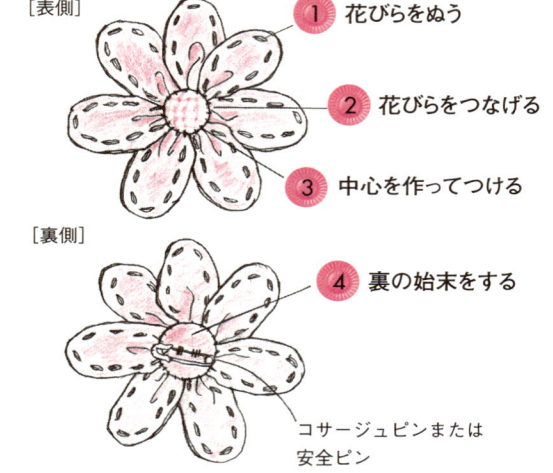

[表側]
1. 花びらをぬう 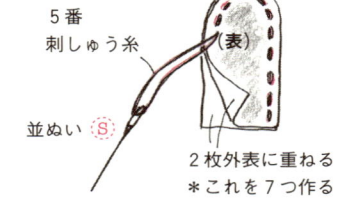
2. 花びらをつなげる 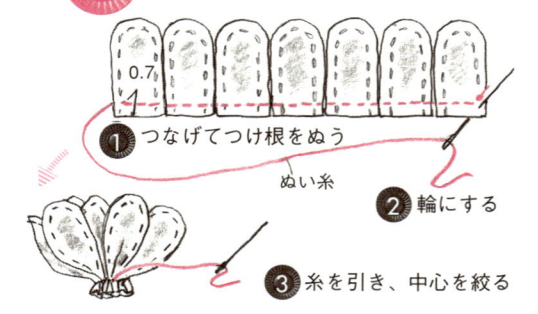
3. 中心を作ってつける

[裏側]
4. 裏の始末をする
コサージュピンまたは安全ピン

1 花びらをぬう
5番刺しゅう糸
（表）
並ぬい（S）
2枚外表に重ねる
*これを7つ作る

2 花びらをつなげる
0.7
① つなげてつけ根をぬう
ぬい糸
② 輪にする
③ 糸を引き、中心を絞る

3 中心を作ってつける
① 中心布のまわりをぐしぬいして綿を詰め、絞る
ぬい糸1本どり
綿
② 花の中心にまつりとめる
[表側]
まつりとめる

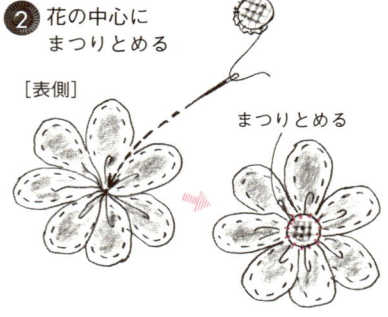

4 裏の始末をする
① 裏中心を裏中心布でおおってたてまつりでつける
② コサージュピンまたは安全ピンをまつりつける

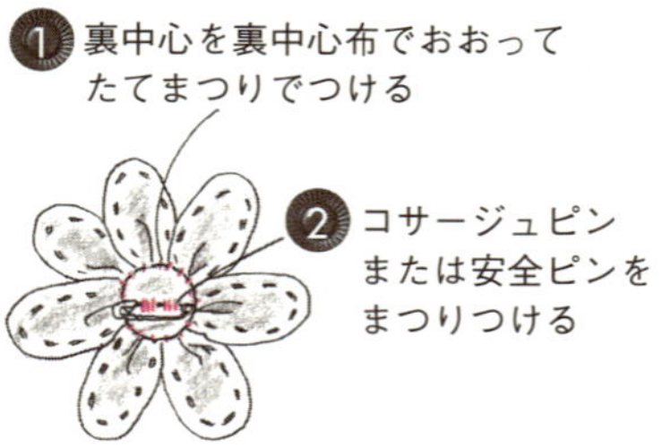

ITEM 03 クッション入りハンガー

なんてことのないハンガーも、お気に入りの布でくるむだけで飾ってもかわいいアイテムに。綿を入れることで、洋服に跡がつきにくくなるというメリットも。

はじめる前に

用意する材料（長さ30cmのハンガーの場合）　※用尺はハンガーのサイズによって変わります
- 布［綿プリントなど］36×15cm
- 厚手ドミット芯 36×15cm
- 木製ハンガー 1本
- 手ぬい糸（本ぬい用）

●ハンガーの測り方

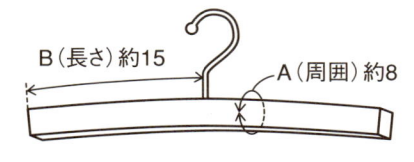

B（長さ）約15　　A（周囲）約8

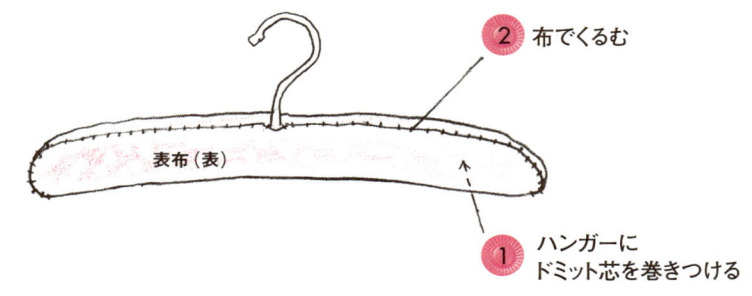

●製図

表布、厚手ドミット芯

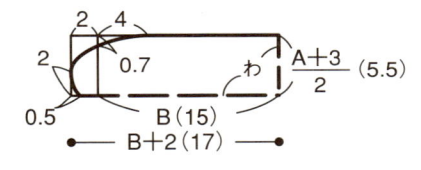

2, 4, 2, 0.7, 0.5, わ, $\frac{A+3}{2}$ (5.5), B(15), B+2(17)

●裁ち方図

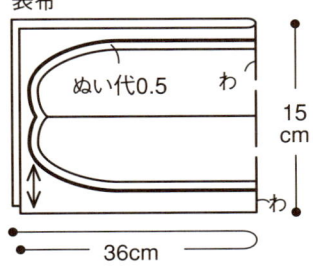

表布　ぬい代0.5　わ　15cm　36cm

●手順ガイド

1. ハンガーにドミット芯を巻きつける
2. 布でくるむ
   表布（表）

1 ハンガーにドミット芯を巻きつける

① 目打ちなどで中心部に穴をあけ、フック部分を通す

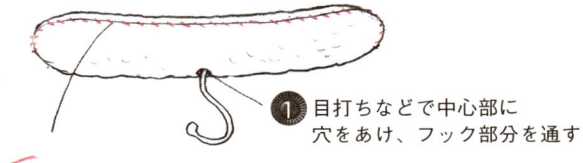

② 下側で合わせて、巻きかがりでとめる

ADVICE　ドミット芯は綿のシートのようなもの。フワフワクッション性を出したり、厚みを出したりします。

2 布でくるむ

① 布を巻き、まち針でとめる

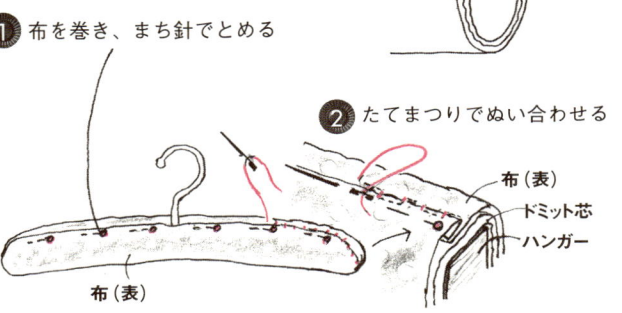

② たてまつりでぬい合わせる
布（表）　ドミット芯　ハンガー
布（表）

コの字まつりならぬい目が見えません

POINT　角を細かくまつりましょう。きれいに仕上がりますよ！

ヨーヨーのアクセサリー

ITEM 04

丸い布にぎゅっとギャザーを寄せて花形にするのが、ヨーヨー作りのテクニック。たくさん作ってベルトやネックレス、壁かけオブジェにもなるアイテムに。

はじめる前に

用意する材料
- 布［綿プリントなど］モチーフひとつ分 8×8cmを好みの布で27枚
- 布テープ［麻］幅 7mm×122cm
- ジャバラテープ 幅 8mm×122cm
- 手ぬい糸

型紙は P.108

仕上がり寸法
- 幅×長さ　2.5×120cm

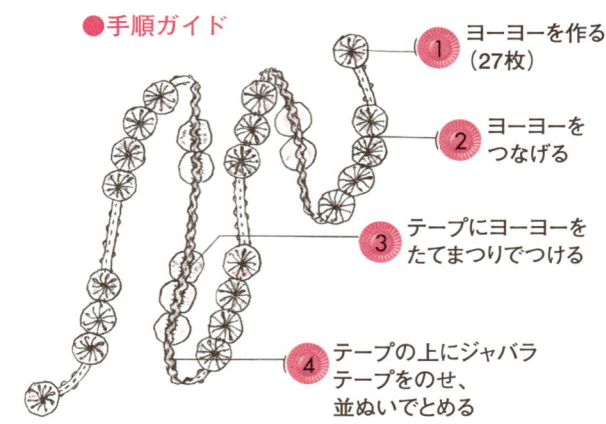

●手順ガイド
1. ヨーヨーを作る（27枚）
2. ヨーヨーをつなげる
3. テープにヨーヨーをたてまつりでつける
4. テープの上にジャバラテープをのせ、並ぬいでとめる

1 ヨーヨーを作る（27枚）

① 厚紙でA、B、2種類の型紙を作る

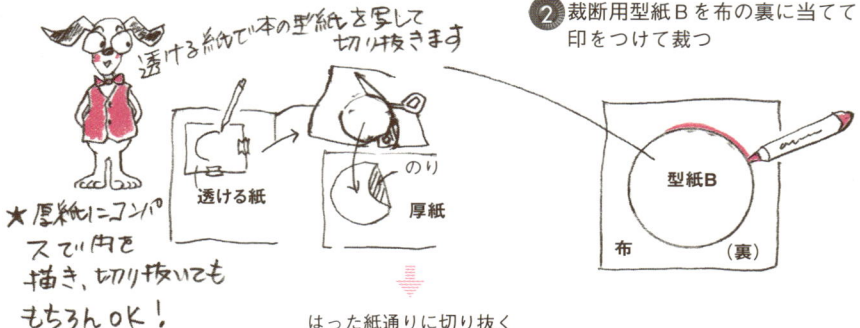

透ける紙で本の型紙を写して切り抜きます

透ける紙／のり／厚紙

★厚紙にコンパスで円を描き、切り抜いてももちろんOK！

はった紙通りに切り抜く

② 裁断用型紙Bを布の裏に当てて印をつけて裁つ

型紙B／布（裏）

ギューッと引っぱって"　なるほど"

できあがりの直径が 2.5cmの場合の作り方です

③ 裁った布のぬい代をアイロンで折る

型紙Aを当てる

④ 型紙をはずし、まわりをぐしぬいする

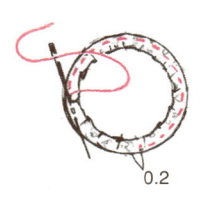

0.2

⑤ ぐしぬいした糸を強めに引いて絞る

しっかり絞って玉止めする

糸を切って形を整える

こっちが表側です

2 ヨーヨーをつなげる

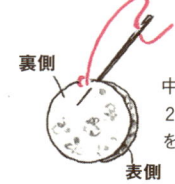

裏側／表側

中表に合わせ、2〜3回巻きかがりをして玉止め

開く

3個目も同様につける

③ テープにヨーヨーをのせ、たてまつりでつける

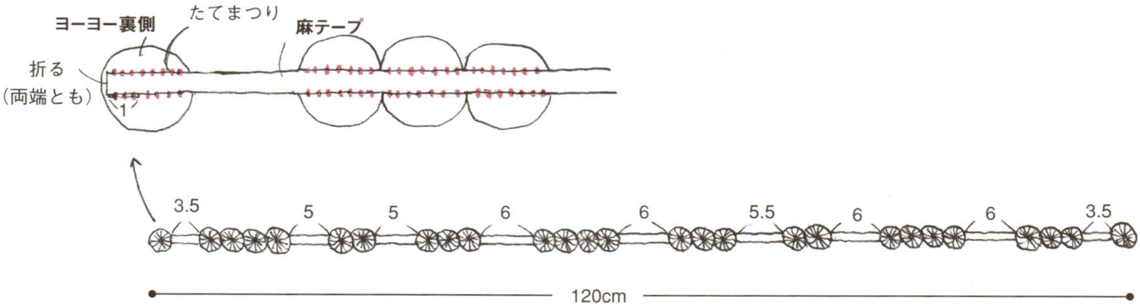

ヨーヨー裏側　たてまつり　麻テープ
折る（両端とも）

3.5　5　5　6　6　5.5　5　6　3.5
120cm

④ テープの上にジャバラテープをのせ、並ぬいでとめる

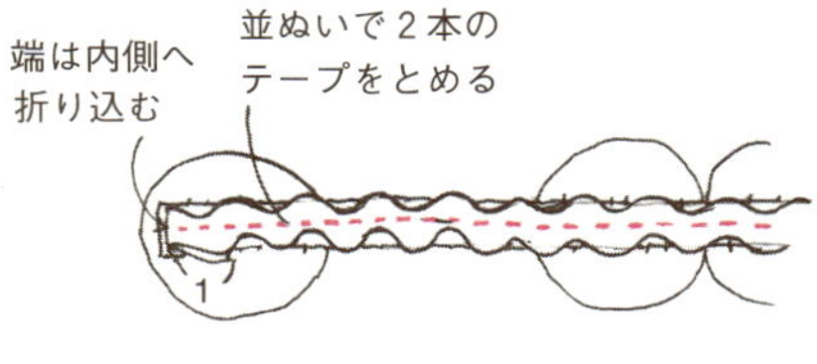

端は内側へ折り込む　並ぬいで2本のテープをとめる

なるほどMEMO 「ヨーヨー」って何？

ヨーヨーとは、丸く切った布の端を中心でぎゅっと絞って花の形にしたモチーフのこと。これをたくさんつなげるパッチワークの手法「ヨーヨーキルト」に使われます。

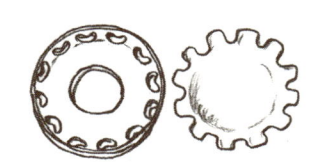

最近では、同じサイズのヨーヨーが簡単に作れる、こんなキットも市販されています。

ひとつ作ってコサージュにしたり、たくさん作って並べてぬいつける飾りにしたりと、使い方はアイディアしだい。使う布は、薄手のもののほうがギャザーがきれいに出ます。作るサイズの倍程度の正方形の布があればOKなので、ハギレの活用術としてもおすすめです。

ITEM 05 アームカバー

水仕事などをするときに、そでのずり落ちを防いでくれるアームカバー。コンパクトサイズなので作りやすく、使うときもサッとつけられる便利アイテムです。

はじめる前に

用意する材料
- 布A（上段）／布B（中段）[綿プリント] 各50×24cm
- 布C（下段）[綿プリント] 50×17cm
- ゴムテープ幅8mm×78cm（21.5cm、17.5cmを各2本）
- 手ぬい糸（本ぬい用）

仕上がり寸法
- 長さ13.5cm（フリーサイズ）

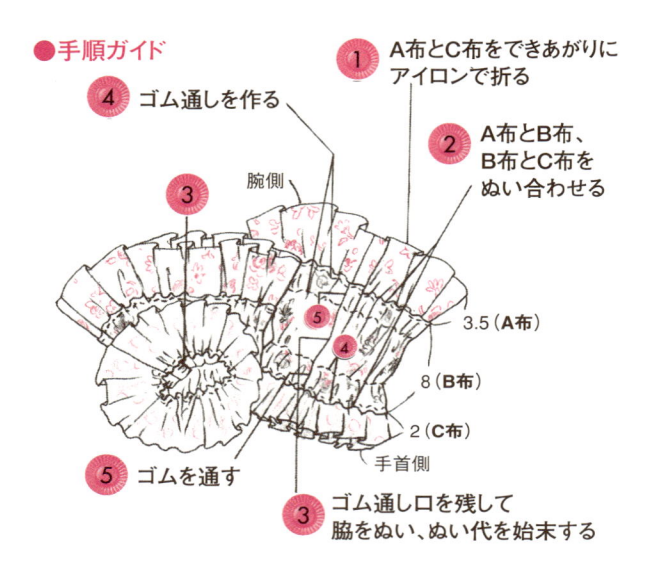

●裁ち方と寸法

A布　腕側フリル（2枚）
- 24cm×50cm
- 8.5　3.5　1.5（ゴム通し位置）フリル内側
- 3.5　フリル外側
- ぬい代1　45　47

B布　中段布（2枚）
- 24cm
- 8　5　1.5（ゴム通し位置）

C布　手首側フリル（2枚）
- 17cm
- 4　フリル外側　フリル内側　わ
- 5.5
- 1.5（ゴム通し位置）

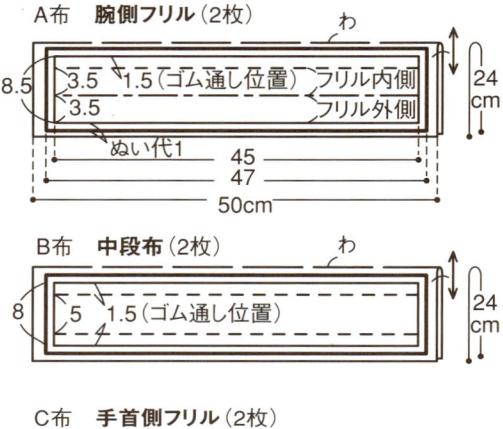

＊ぬい代はすべて1cm

●手順ガイド
1. A布とC布をできあがりにアイロンで折る 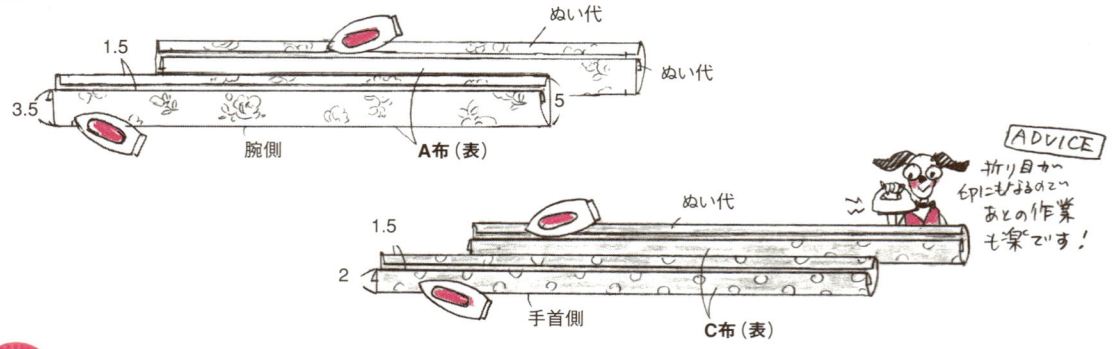
2. A布とB布、B布とC布をぬい合わせる
3. ゴム通し口を残して脇をぬい、ぬい代を始末する
4. ゴム通しを作る
5. ゴムを通す

寸法メモ：3.5（A布）／8（B布）／2（C布）／腕側／手首側

1 A布とC布をできあがりにアイロンで折る

1.5／3.5／ぬい代／5／腕側／A布（表）

1.5／2／ぬい代／手首側／C布（表）

ADVICE　折り目が印にもなるのであとの作業も楽です！

2 A布とB布、B布とC布をぬい合わせる

① A布とB布を中表に合わせ、並ぬいでぬい合わせる

A布（表）／B布（裏）／C布（裏）

② B布とC布を中表に合わせ、並ぬいでぬい合わせる

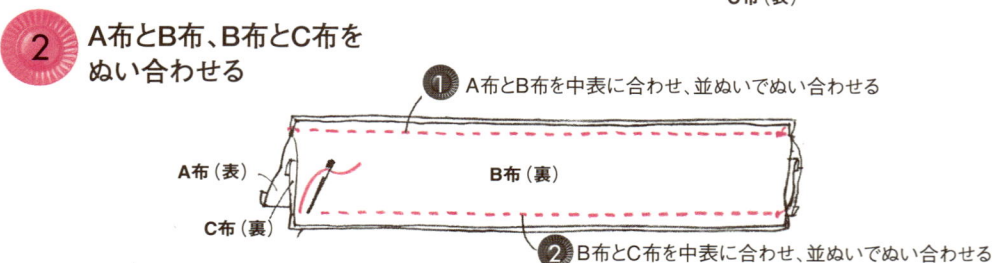

3 ゴム通し口を残して脇をぬい、ぬい代を始末する

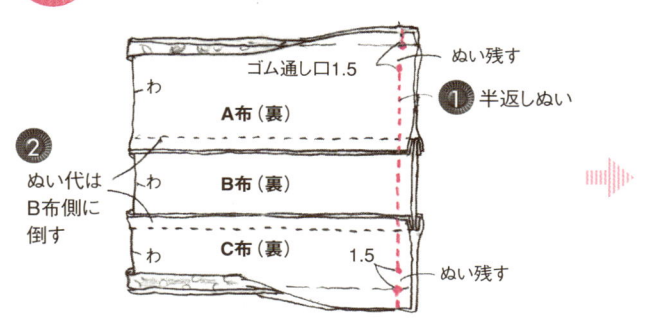

- ゴム通し口1.5
- ぬい残す
- ① 半返しぬい
- わ　A布（裏）
- ② ぬい代はB布側に倒す
- わ　B布（裏）
- わ　C布（裏）
- 1.5
- ぬい残す

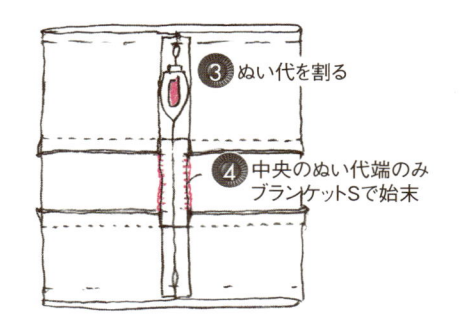

- ③ ぬい代を割る
- ④ 中央のぬい代端のみブランケットSで始末

4 ゴム通しを作る

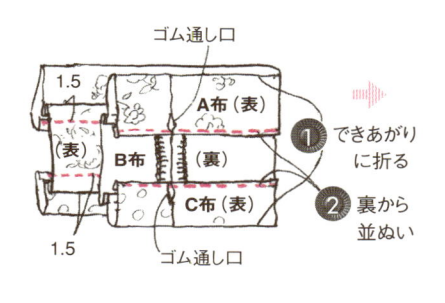

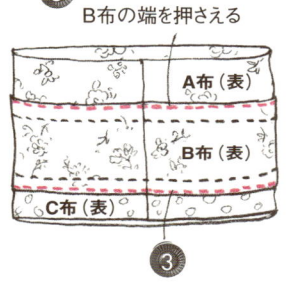

- ゴム通し口
- 1.5
- A布（表）
- （表）B布（裏）
- C布（表）
- 1.5
- ゴム通し口

- ① できあがりに折る
- ② 裏から並ぬい
- ③ 表から並ぬいでB布の端を押さえる
- A布（表）
- B布（表）
- C布（表）
- ③

5 ゴムを通す

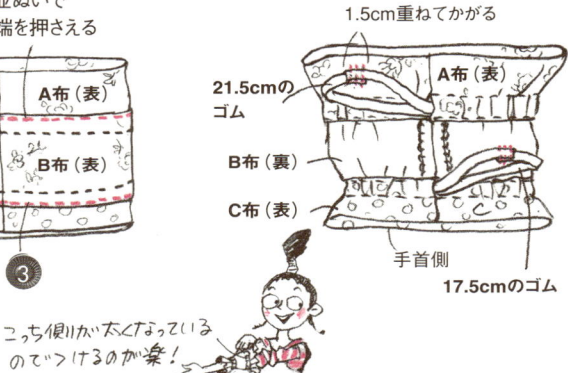

- 1.5cm重ねてかがる
- 21.5cmのゴム
- A布（表）
- B布（裏）
- C布（表）
- 手首側
- 17.5cmのゴム

こっち側が太くなっているのでつけるのが楽!

なるほどMEMO
こんなときはこの方法で **ぬい代始末の方法いろいろ**

★ かんたんに‥‥‥ 2枚一緒にブランケットステッチ
（表）（裏）

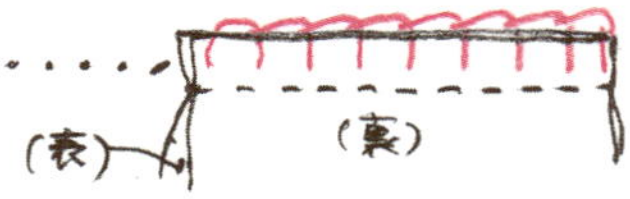

★ 表にひびかなくしたい‥‥‥ 1枚ずつブランケットステッチでまつり、ぬい代を割る

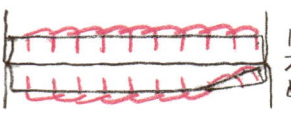

★ ぬい代の端を隠したい

(1) 割り伏せぬい 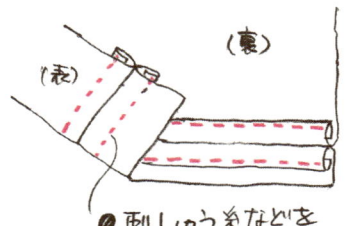
（表）（裏）
● 刺しゅう糸などを使って表の飾りにしてもgood!

(2) 片伏せぬい
（裏）
1.2　0.5（倒す側）
（裏）
ぬい代をカット

（裏）
0.7
（表）（裏）
（裏）

PART 2 アームカバー

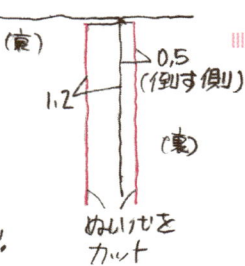

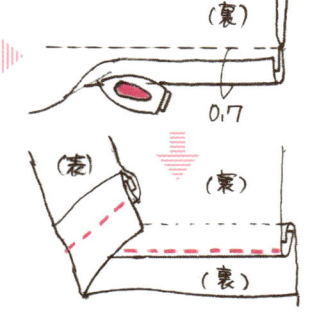

ブーティ

ITEM 06

本来のブーティは、歩きはじめた赤ちゃん用のすべり止めつきルームシューズ。ひと針ひと針に心をこめた、出産祝いのプレゼントなどにもおすすめです。

はじめる前に

型紙はP.108

用意する材料
- 表布［無地ジャージー］90×15cm
- 裏布［花柄綿プリント］90×15cm
- ゴムテープ幅6mm×31cmを2本
- サテンリボン幅4mm×15cmを2本
- 手ぬい糸（本ぬい用）
- 5番刺しゅう糸（ステッチ用）

仕上がり寸法
- 足裏幅×長さ　約6×10cm

● 裁ち方図

表布（無地ジャージー）
裏布（花柄木綿布）

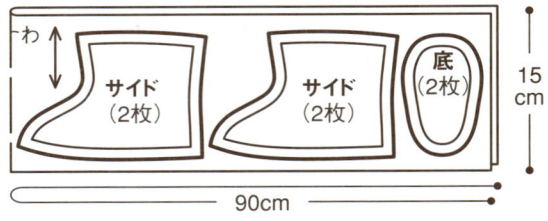

サイド（2枚）　サイド（2枚）　底（2枚）

15cm　90cm

＊ぬい代はすべて1cm

● 手順ガイド

1. 前中心をぬう
2. 表サイド布の裏にゴムをつける
3. 後ろ中心をぬう
4. 底とサイドをぬい合わせる
5. 表ぐつと裏ぐつを重ねてぬう
6. リボンを結び、ぬいつける

＊表ぐつ、裏ぐつは同様にぬう

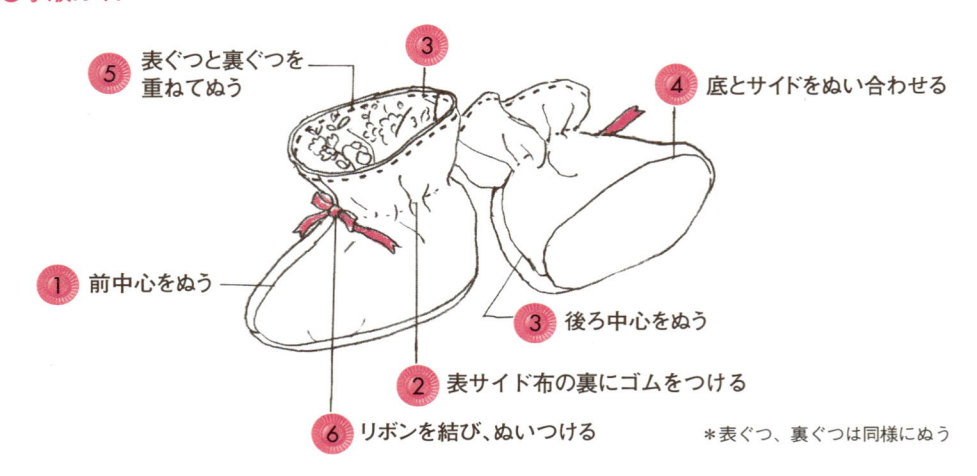

1 表サイド、裏サイドそれぞれに前中心をぬう

① 中表に合わせる
② 半返しぬい
③ ぬい代を割る

（裏）

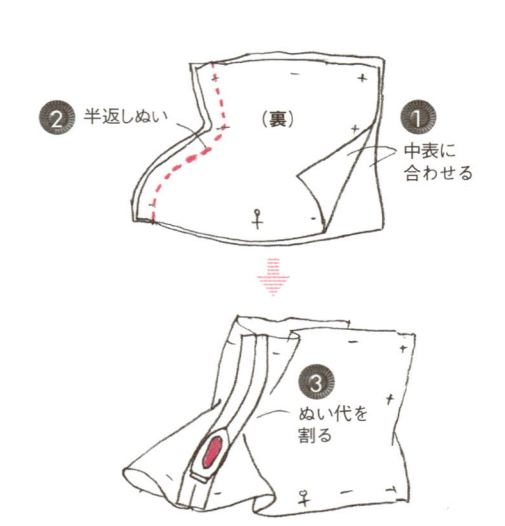

2 表サイド布の裏（足首部分）にゴムをつける

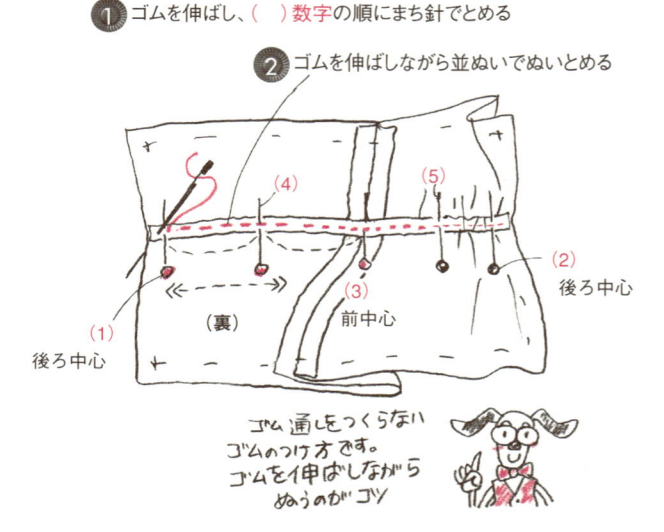

① ゴムを伸ばし、（　）数字の順にまち針でとめる
② ゴムを伸ばしながら並ぬいでぬいとめる

(1) 後ろ中心　(2) 後ろ中心　(3) 前中心　(4)　(5)

（裏）

ゴム通しをつくらないゴムのつけ方です。ゴムを伸ばしながらぬうのがコツ

③ 表サイド、裏サイドそれぞれに後ろ中心をぬう

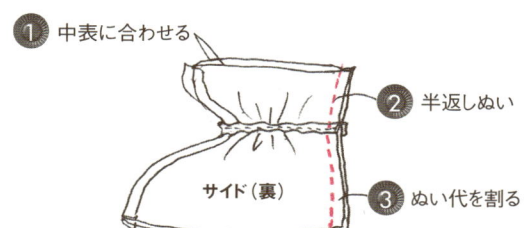

① 中表に合わせる
② 半返しぬい
③ ぬい代を割る

サイド(裏)

④ 表ぐつ、裏ぐつそれぞれに底とサイドをぬい合わせる

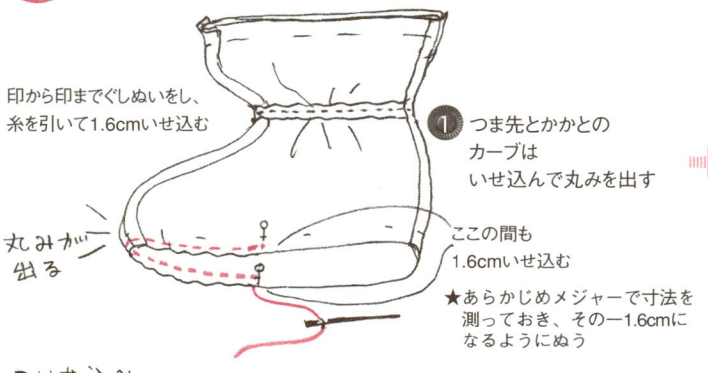

印から印までぐしぬいをし、糸を引いて1.6cmいせ込む

① つま先とかかとのカーブはいせ込んで丸みを出す

ここの間も1.6cmいせ込む

★あらかじめメジャーで寸法を測っておき、その-1.6cmになるようにぬう

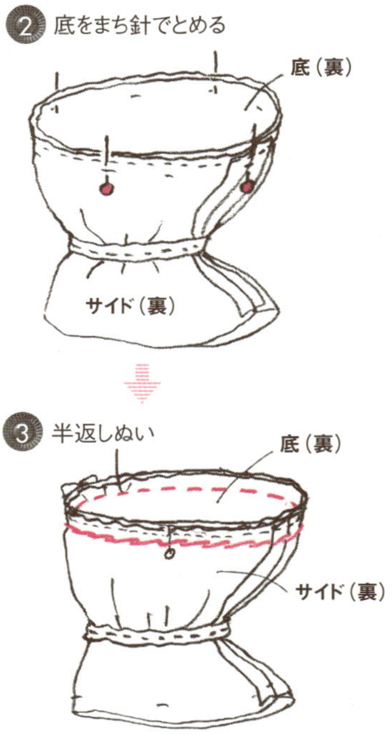

丸みが出る

② 底をまち針でとめる
底(裏)
サイド(裏)

③ 半返しぬい
底(裏)
サイド(裏)

●「いせ込み」について

丸みが出ます

ぐしぬいの糸を引き、寸法ぶん均等に縮めます。できあがってから布の表にギャザーがはっきり出ないのがgood。(ギャザーと違うところです)
平らな部分が丸く立体的になります。
これを「いせ」または「いせ込み」といいます。

⑤ 表ぐつと裏ぐつを外表に重ね、はき口をぬい合わせる

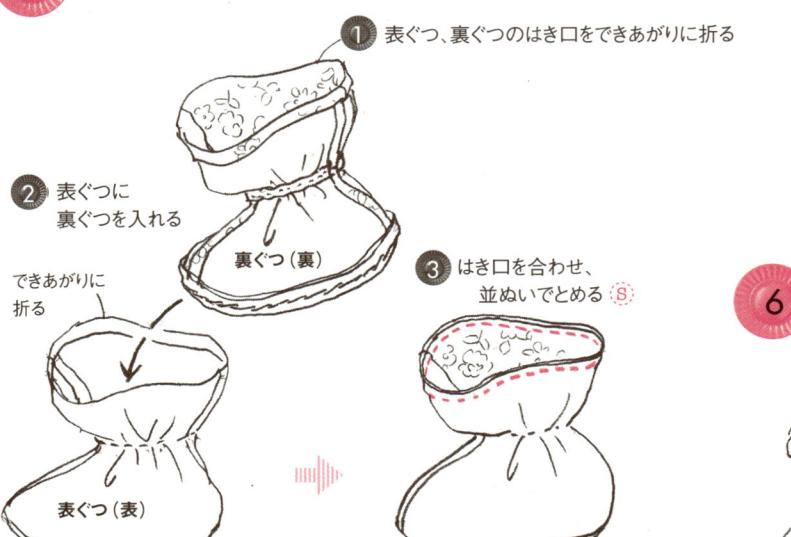

① 表ぐつ、裏ぐつのはき口をできあがりに折る

② 表ぐつに裏ぐつを入れる

できあがりに折る

裏ぐつ(裏)
表ぐつ(表)

③ はき口を合わせ、並ぬいでとめる ⑧

⑥ リボンを結び、ぬいつける

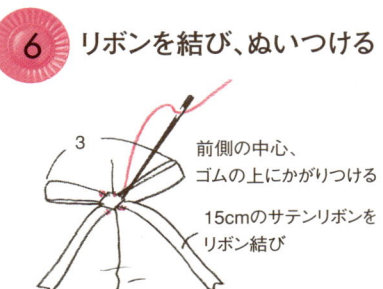

前側の中心、ゴムの上にかがりつける

15cmのサテンリボンをリボン結び

PART 2 ブーティ

バッグ・イン・バッグ（きんちゃく袋）

ITEM 07

バッグの中の仕分け用など、いくつあっても何かと便利なきんちゃく袋。開き口が片側だけの片絞りと、両サイドにある両絞り。どちらにするかはお好みで。

★ 片絞りのきんちゃく袋

はじめる前に

用意する材料
- 布［綿ストライプ］25×60cm
- 丸ひも直径2mm×60cm
- ロープストッパー1個
- 手ぬい糸（本ぬい用）

仕上がり寸法
- タテ×ヨコ　22×18cm

●手順ガイド
1. あき側の脇をぬう
2. ひも通し口をぬう
3. あきのない側の脇をぬう 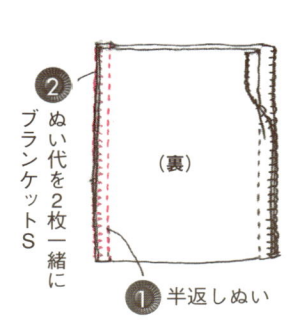
4. 袋口を始末する
5. ひもを通す

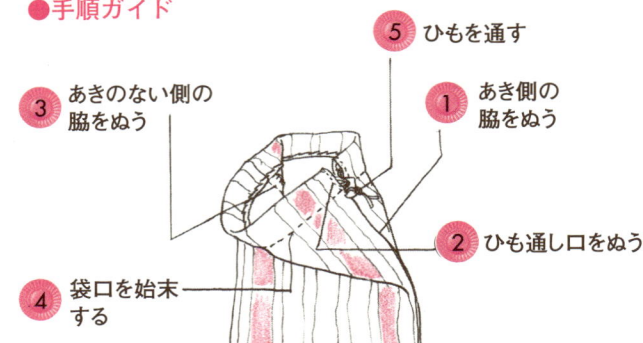

●製図

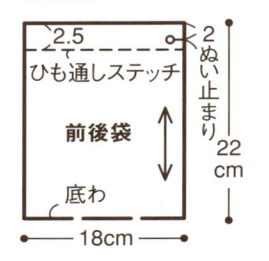

2.5 ひも通しステッチ
2 ぬい止まり
前後袋
底わ
22cm
18cm

●裁ち方図

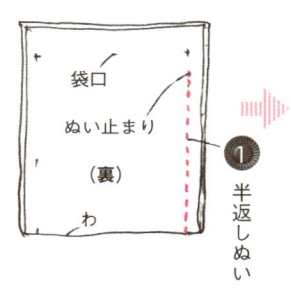

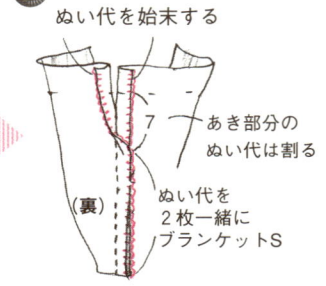

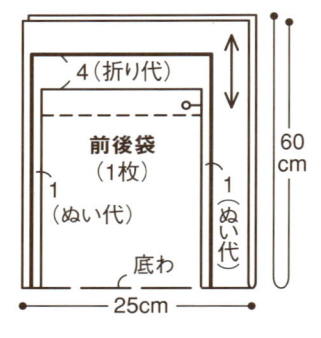

4（折り代）
前後袋（1枚）
1（ぬい代）
底わ
60cm
25cm

1 あき側の脇をぬう

袋口
ぬい止まり
（裏）
わ
半返しぬい

② ブランケットSでぬい代を始末する
あき部分のぬい代は割る
ぬい代を2枚一緒にブランケットS
（裏）

2 ひも通し口をぬう

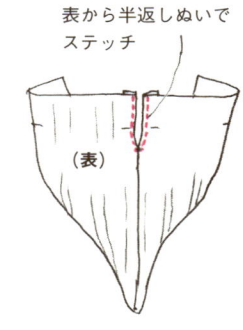

表から半返しぬいでステッチ
（表）

3 あきのない側の脇をぬう

② ぬい代を2枚一緒にブランケットS
（裏）
① 半返しぬい

4 袋口を始末する

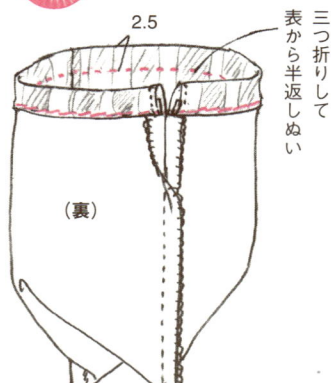

2.5
三つ折りして表から半返しぬい
（裏）

5 ひもを通す

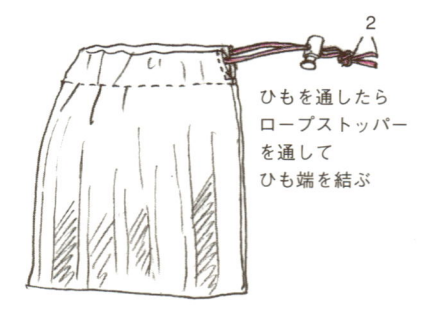

2
ひもを通したらロープストッパーを通してひも端を結ぶ

★ 両絞りのきんちゃく袋

はじめる前に

用意する材料
- 布［綿ストライプ］35×70cm
- 丸ひも直径2mm×70cmを2本
- 手ぬい糸（本ぬい用）

仕上がり寸法
- タテ×ヨコ 28×24cm

● 製図

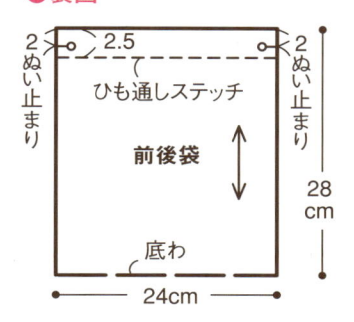

2 ぬい止まり　2.5　ひも通しステッチ　2 ぬい止まり
前後袋
28cm
底わ
24cm

● 裁ち方図

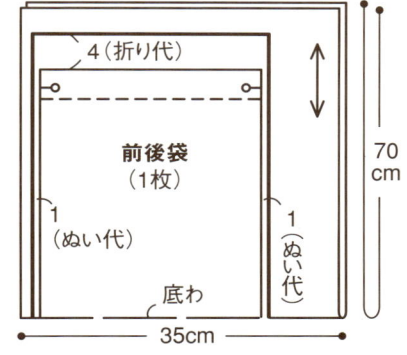

4（折り代）
前後袋（1枚）
1（ぬい代）　1（ぬい代）
底わ
35cm
70cm

● 手順ガイド

1. 脇をぬう
2. ひも通し口をぬう
3. 袋口を三つ折りして始末
4. ひもを両側から通す

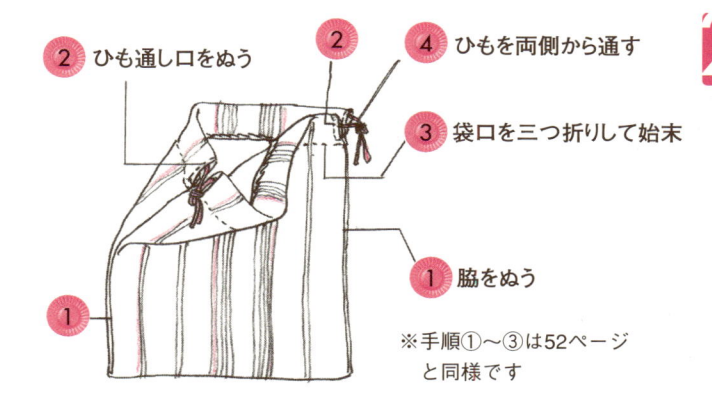

※手順①〜③は52ページと同様です

4 ひもを両側から通す

70cmの丸ひも

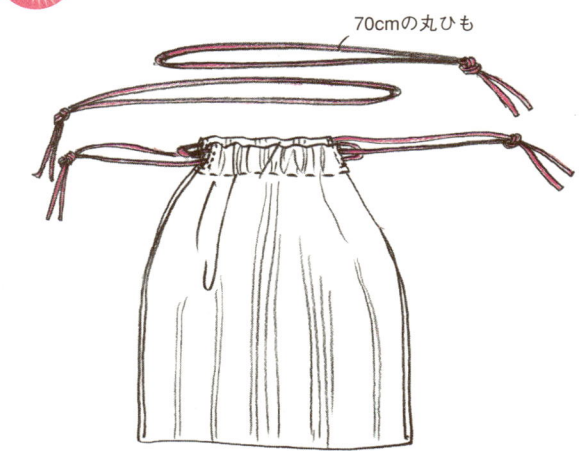

なるほどMEMO　きんちゃく作りのおすすめ「ひも」いろいろ

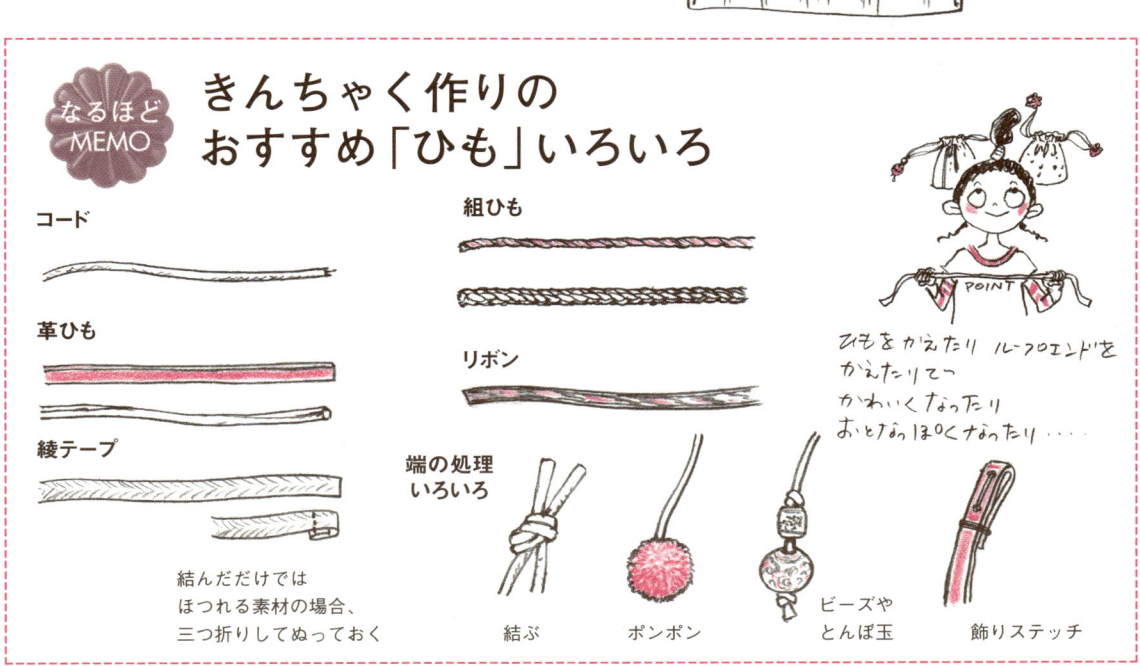

- コード
- 革ひも
- 綾テープ
- 組ひも
- リボン

結んだだけではほつれる素材の場合、三つ折りしてぬっておく

端の処理いろいろ
- 結ぶ
- ポンポン
- ビーズやとんぼ玉
- 飾りステッチ

ひもをかえたりループエンドをかえたりでかわいくなったりおとなっぽくなったり……

PART 2　両絞りのきんちゃく袋

53

バスケット・イン・バッグ

ITEM 08

両絞りのきんちゃく袋に底をつけて、バスケットの内袋に。バッグ口はバスケットからのぞく部分もさりげなくかわいい、フリル風の仕立てです。

はじめる前に

型紙は P.109 P.112

用意する材料
- 布［シーチング］60×120cm
- 布テープ［リネン］幅1×135cmを2本
- 手ぬい糸（本ぬい用）
- 5番刺しゅう糸（ステッチ用）

仕上がり寸法
※だ円形バスケットの深さに合わせてつくります。写真作品のバスケットは、口部分の長直径約33×短直径約15cm、底部分の長直径約20×短直径約10cm、深さ約17cmです。

●手順ガイド

4 左右のサイドからひもを通す
3 バック口を始末し、ひも通しを作る
1 脇をぬう
2 サイドと底をぬい合わせる

注：バスケットの大きさとの関係がポイント

バスケット口の長直径÷2
バスケットの深さ

●裁ち方図

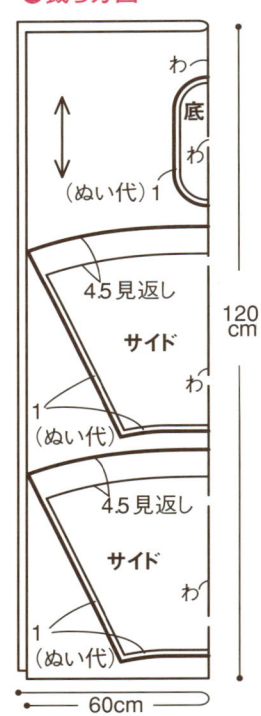

120cm × 60cm

- （ぬい代）1
- 底 わ
- 4.5 見返し サイド わ
- 1（ぬい代）
- 4.5 見返し サイド
- 1（ぬい代）

1 脇をぬう

6.5　　6.5
1.5ぬい残す　ぬい残す1.5
1

POINT ひも通し口をぬい残します！（両脇とも）

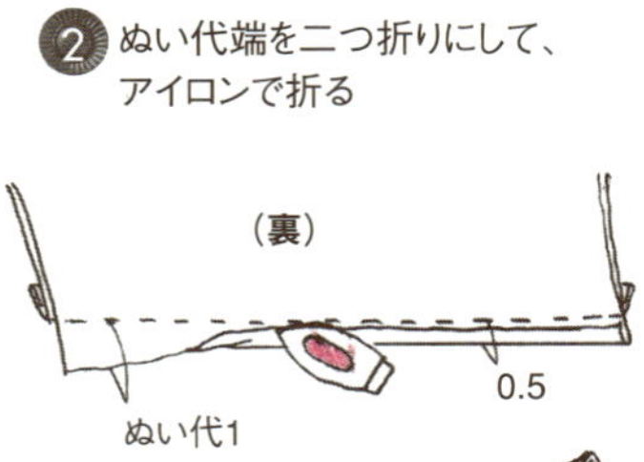

① サイド布の脇を半返しぬいでぬう

② ぬい代端を二つ折りにして、アイロンで折る

ぬい代1　0.5

「割り伏せぬい」です

ADVICE ぬい代を二つ折りにして5番刺しゅう糸1本どりで並ぬいステッチ。丈夫に仕上がります。

③ ぬい代を割り、折り込んだ上を並ぬいで押さえる

ぬい代を割る
脇
表から並ぬい

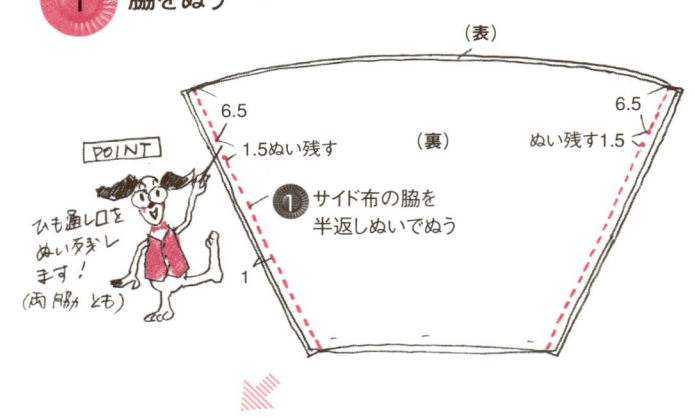

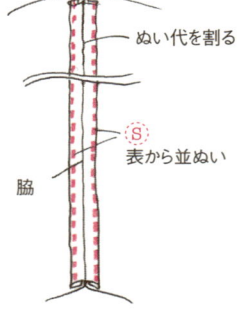

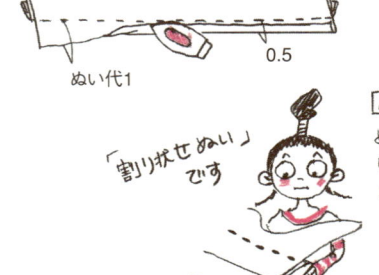

2 サイドと底をぬい合わせる

① 合印を合わせ、まち針か しつけでとめる

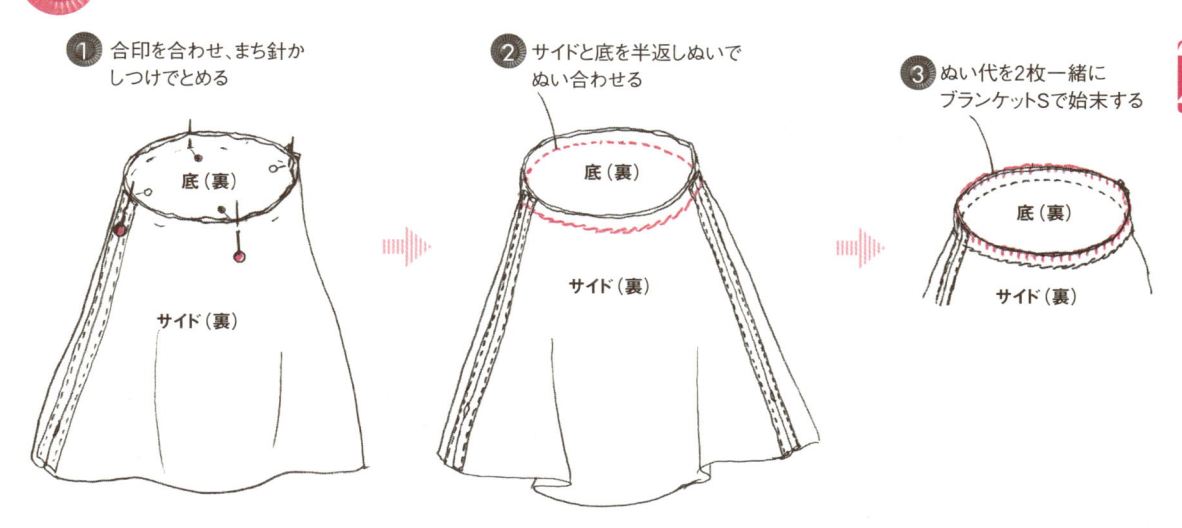

底(裏)
サイド(裏)

② サイドと底を半返しぬいで ぬい合わせる

底(裏)
サイド(裏)

③ ぬい代を2枚一緒に ブランケットSで始末する

底(裏)
サイド(裏)

3 袋口の始末をし、ひも通しを作る

① 布端をブランケットSで始末する

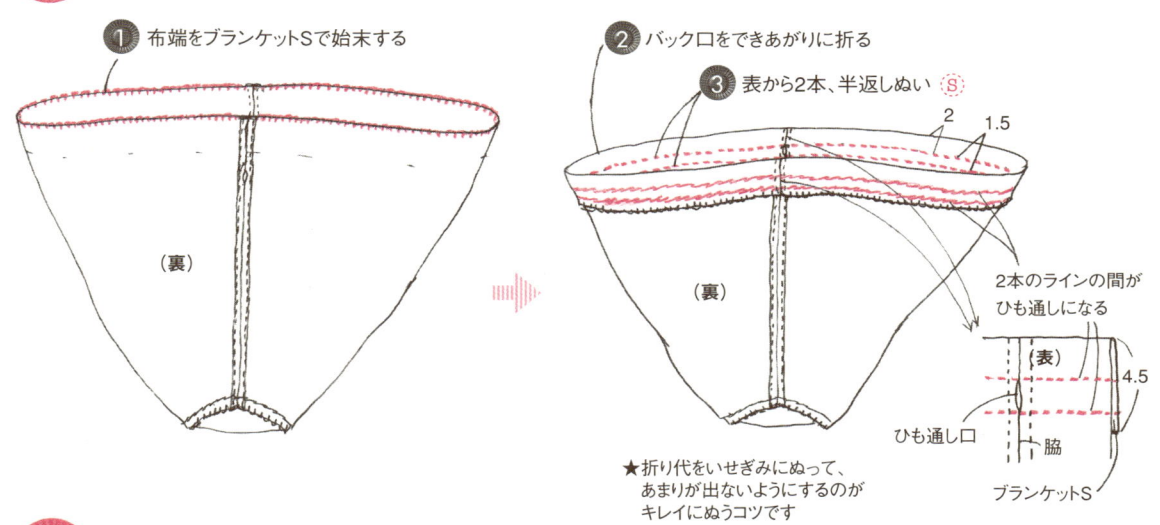

(裏)

② バック口をできあがりに折る
③ 表から2本、半返しぬい Ⓢ

2　1.5

(裏)

2本のラインの間が ひも通しになる

(表)　4.5
ひも通し口　脇
ブランケットS

★折り代をいせぎみにぬって、あまりが出ないようにするのがキレイにぬうコツです

4 左右のサイドからひもを通す

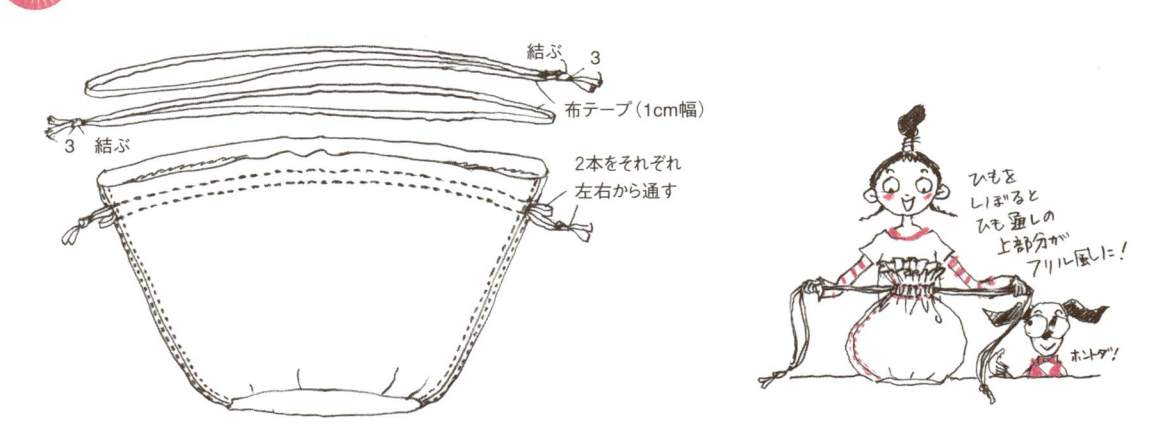

結ぶ　3
布テープ(1cm幅)
3　結ぶ
2本をそれぞれ左右から通す

ひもをしぼるとひも通しの上部分がフリル風に！
ホントダ！

PART 2 バスケット・イン・バッグ

ITEM 09 ランチョンマットとコースター

周囲をぐるりと別布でくるむ縁取り始末は、覚えておくととても便利なテクニック。四角いマットと丸いコースターをおそろいで作ります。

★ ランチョンマット

はじめる前に

用意する材料
- 表布［綿プリント］43×32.5cm
- 裏布［綿プリント］43×32.5cm
- 薄手接着芯 32.5×43cm
- 縁取り布（ヨコ用）5×44cmを2枚
- 縁取り布（タテ用）5×33.5cmを2枚
- アップリケ用布適宜
- 手ぬい糸（本ぬい用）
- 5番刺しゅう糸（ステッチ用）

仕上がり寸法
- タテ×ヨコ 32.5×43cm

●寸法
43cm × 32.5cm（1.5、1.5）
縁布横（2枚）44cm×5cm
縁布縦（2枚）33.5cm×5cm

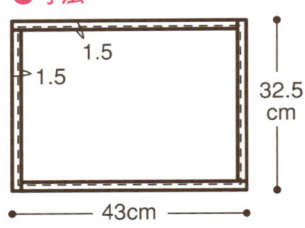

●裁ち方図
表布、裏布、接着芯（各1枚）
43cm × 32.5cm

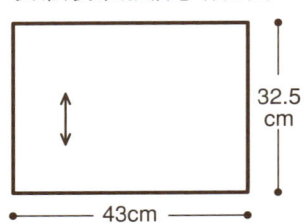

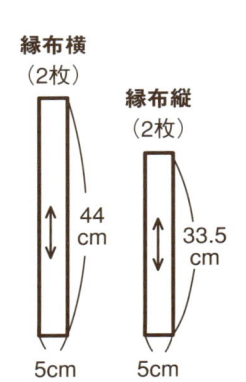

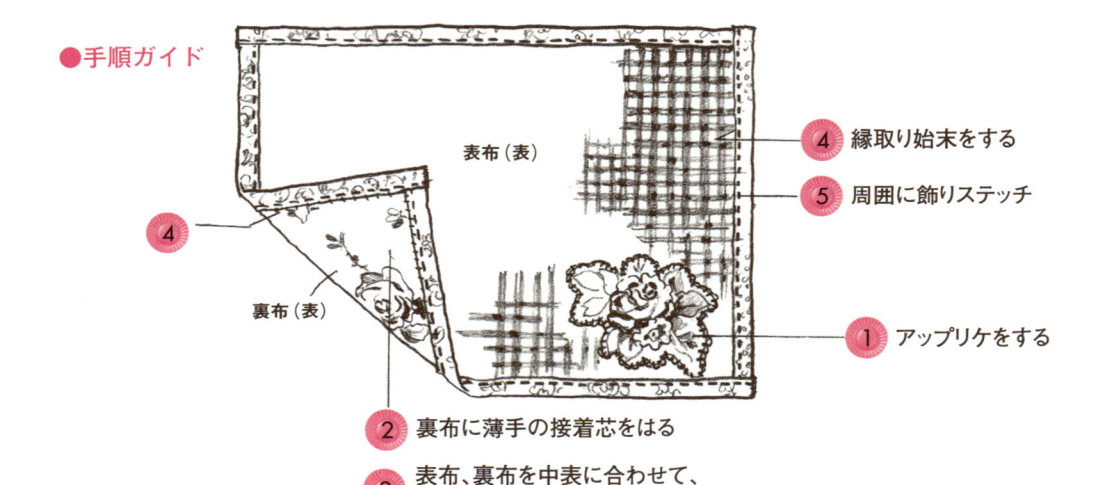

●手順ガイド
- 1 アップリケをする
- 2 裏布に薄手の接着芯をはる
- 3 表布、裏布を中表に合わせて、周囲を仮どめ
- 4 縁取り始末をする
- 5 周囲に飾りステッチ

1 アップリケをする

ブランケットステッチ（30番ぬい糸 1本どり）

裏に接着芯をはるとしっかりする

好みの柄（この作品では花柄です）を切り抜いてブランケットステッチするだけでアップリケ終了！

★木布の裏に薄手の接着芯をはってから切り抜いてアップリケすると薄い布の柄も利用OK！

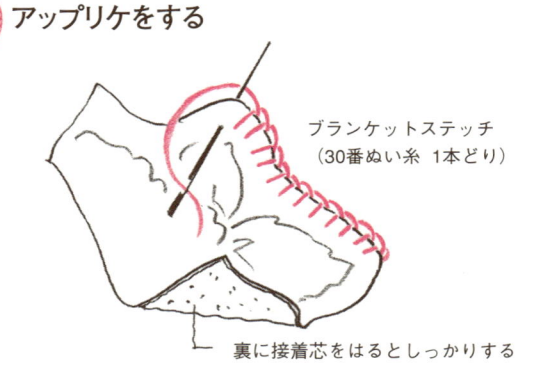

② 裏布に薄手の接着芯をはる

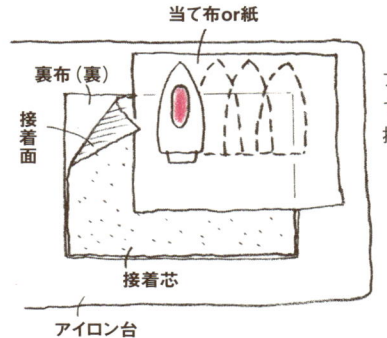

当て布or紙
裏布（裏）
接着面
接着芯
アイロン台

アイロンはすべらせないで押すように
（1カ所10秒が目安）

③ 表布、裏布を中表に合わせて、周囲を仮どめ

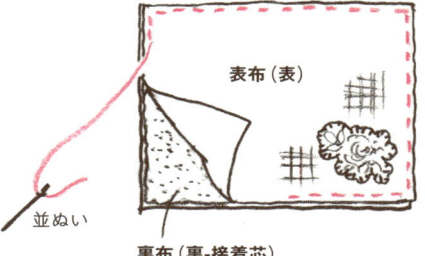

表布（表）
裏布（裏-接着芯）
並ぬい

アップリケはぬう前にすると裏側にぬい目が出ないよ

④ 縁取り始末をする

① 表布側に、半返しぬいで縁取り布を中表にぬいつける。はじめの5cmはぬい残す

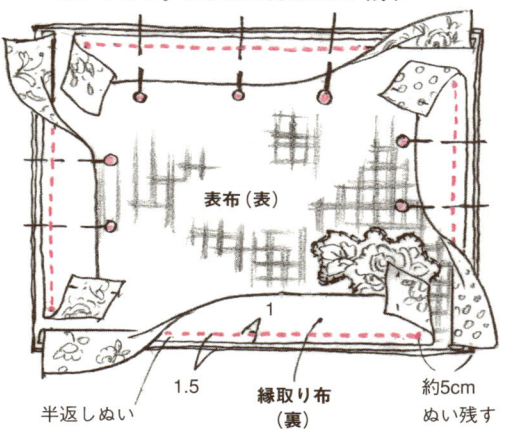

表布（表）
半返しぬい
縁取り布（裏）
1
1.5
約5cmぬい残す

② 下図のように、ぬい残した部分をぬい足す

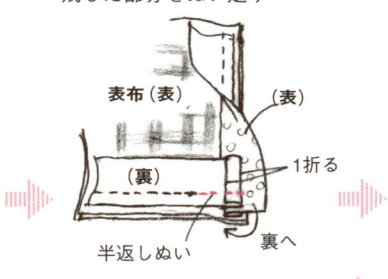

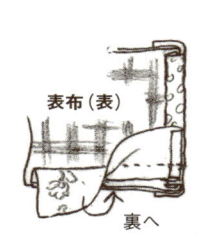

表布（表）
（表）
（裏）
半返しぬい
1折る
裏へ
裏へ

③ ①のぬい目を隠すように縁取り布の端を折り、たてまつりでとめる

裏布（表）

④ すみをまつる

表布（表）

角は②〜④をくり返して始末します

1.2.3.4回!

⑤ 並ぬいで飾りステッチ

★ コースター

PART 2 コースター

はじめる前に

型紙は P.108

用意する材料
- 表布［綿プリント］12×12cm
- 裏布［綿プリント］12×12cm
- 薄手接着芯 10×20cm
- バイアス布 5×35cm
  ※30×30cm程度の布から取れます
- 手ぬい糸（本ぬい用）
- 5番刺しゅう糸（ステッチ用）

仕上がり寸法
- 直径10cmの円形

●裁ち方図

柄木綿

表布
裏布
（各1枚）
12cm × 12cm

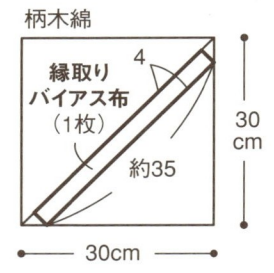

柄木綿

縁取りバイアス布（1枚）
4
約35
30cm × 30cm

●手順ガイド

1 表布、裏布とも裏に薄手の接着芯をはる

接着芯をはってから切り抜くときれいにできますよ！

2 表、裏布を外表に合わせ、周囲を仮どめする

3 バイアス布をつける

4 ぬい代をくるんでとめる

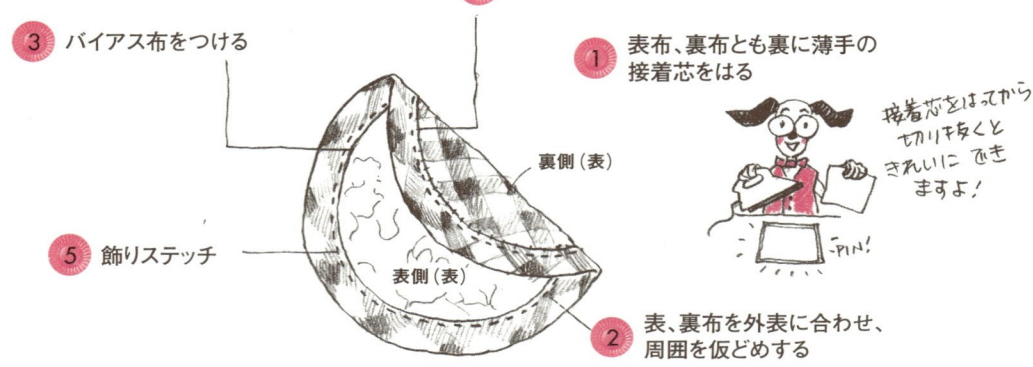

5 飾りステッチ

裏側（表）
表側（表）

---

2 表、裏布を外表に合わせ、周囲を仮どめする

- 表布（表）
- 接着芯
- 裏布（裏）
- 並ぬい

3 バイアス布をつける

1. まち針でとめる（8カ所）
2. 半返しぬいでつける
3. バイアス布を輪にぬう
4. 余分をカット
5. ぬい代を割る

- バイアス布（裏）
- 表布（表）

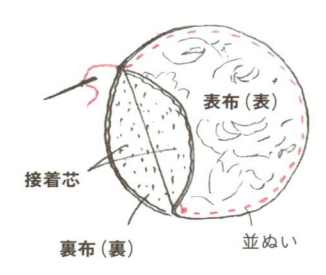

4 ぬい代をくるんでたてまつりでとめる

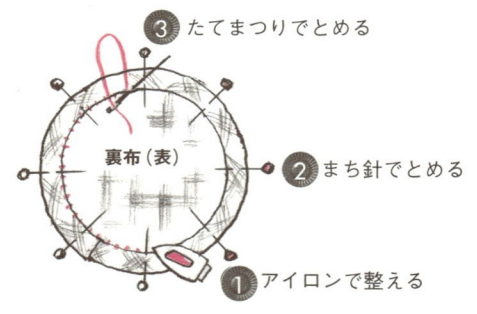

1. アイロンで整える
2. まち針でとめる
3. たてまつりでとめる

- 裏布（表）

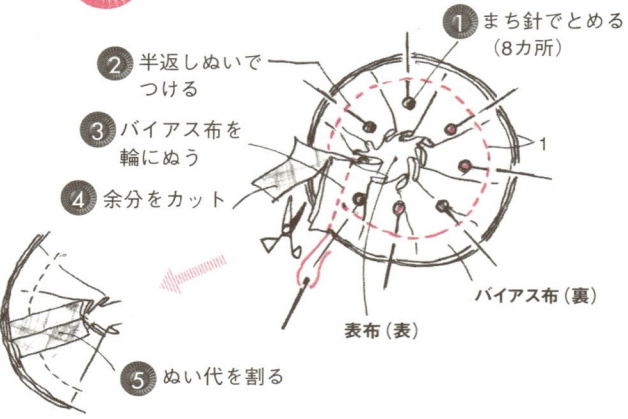

5 飾りステッチ

5番刺しゅう糸で並ぬい ⓢ

なるほどMEMO バイアス布の作り方・使い方

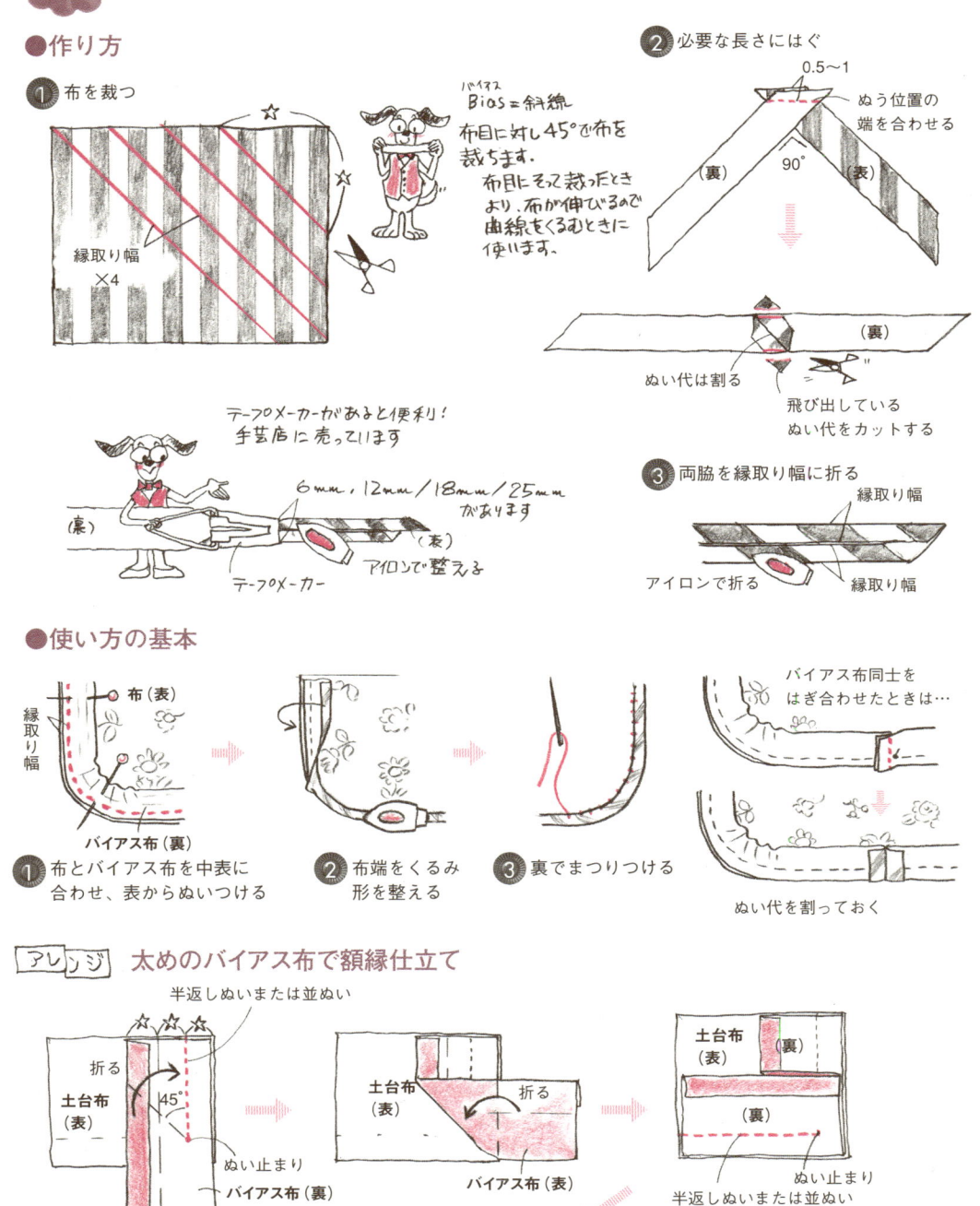

●作り方

① 布を裁つ

縁取り幅×4

Bias＝斜線
布目に対し45°で布を裁ちます。
布目にそって裁ったときより、布が伸びるので曲線をくるむときに使います。

② 必要な長さにはぐ

0.5〜1
ぬう位置の端を合わせる
90°
（裏）（表）

ぬい代は割る
飛び出しているぬい代をカットする

テープメーカーがあると便利！
手芸店に売っています

6mm／12mm／18mm／25mm
があります

（裏）（表）
アイロンで整える
テープメーカー

③ 両脇を縁取り幅に折る

縁取り幅
アイロンで折る
縁取り幅

●使い方の基本

縁取り幅
布（表）
バイアス布（裏）

① 布とバイアス布を中表に合わせ、表からぬいつける

② 布端をくるみ形を整える

③ 裏でまつりつける

バイアス布同士をはぎ合わせたときは…
ぬい代を割っておく

アレンジ　太めのバイアス布で額縁仕立て

半返しぬいまたは並ぬい
折る
土台布（表）
45°
ぬい止まり
バイアス布（裏）

折る
土台布（表）
バイアス布（表）

土台布（表）
（裏）
ぬい止まり
半返しぬいまたは並ぬい

額縁仕立てとは
バイアス布が額縁のような形になる仕立て方です

折る
土台布（裏）
バイアス布（表）

（裏）
ぬい目を隠すようにバイアス布を折り、まつる
たてまつり

ITEM 10 ピンクッション

お裁縫の必需品だからこそ、デザインにもこだわりたいアイテム。テープやレースを使ったアレンジは、いろいろな場面で使える応用範囲の広いテクニックです。

★ ピンクッション（角形）

はじめる前に

用意する材料
- 前布［リネンプリント］15×15cm
- 後ろ布［リネン無地］15×15cm
- ジャバラテープ 幅8mm×40cm
- ポリエステル綿適宜
- 手ぬい糸
- 5番刺しゅう糸（ステッチ用）

仕上がり寸法
- タテ×ヨコ　9×9cm

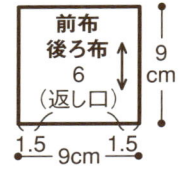

●製図

前布・後ろ布　9cm×9cm（返し口6、1.5＋1.5）

●裁ち方図

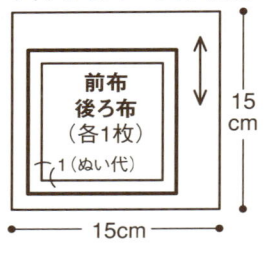

リネンプリント／リネン無地　15×15cm（前布・後ろ布 各1枚、ぬい代1）

●手順ガイド

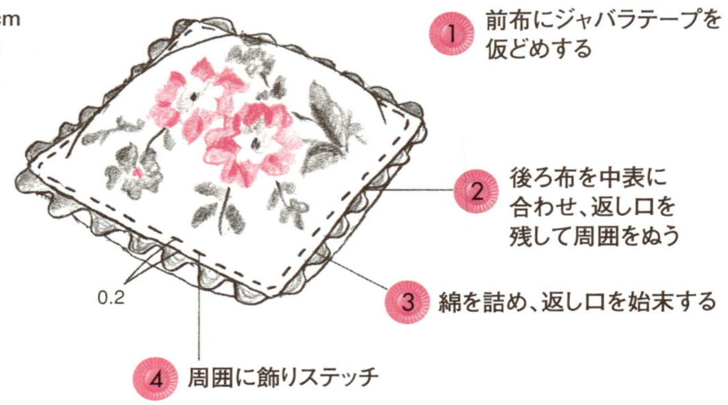

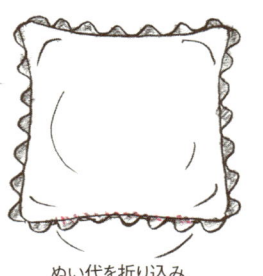

1. 前布にジャバラテープを仮どめする
2. 後ろ布を中表に合わせ、返し口を残して周囲をぬう
3. 綿を詰め、返し口を始末する 
4. 周囲に飾りステッチ

1 前布にジャバラテープを仮どめする

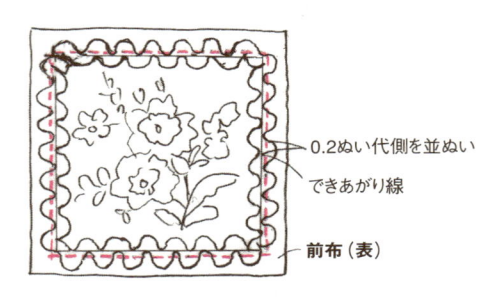

- 0.2ぬい代側を並ぬい
- できあがり線
- 前布（表）

2 後ろ布を中表に合わせ返し口を残して周囲をぬう

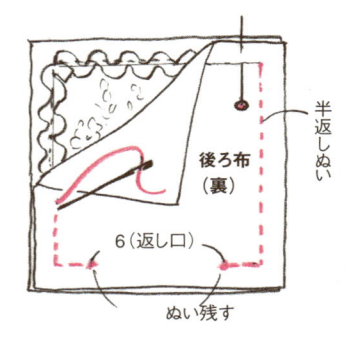

- 半返しぬい
- 後ろ布（裏）
- 6（返し口）
- ぬい残す

3 綿を詰め、返し口を始末する

- 表に返す
- 後ろ布（表）
- 厚さが3～3.5cmになるまでギューッと綿を詰めましょう！
- 綿を詰める
- ぬい代を折り込み、返し口をコの字まつりでとじる

4 周囲に飾りステッチ

- 0.2
- ジャバラテープと同色の糸で並ぬい

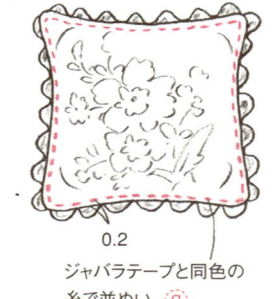

★ ピンクッション（丸形）

はじめる前に

用意する材料
- 布［リネン無地］15×25cm
- レース 幅4×10cm
- レース 幅1×35cm
- ポリエステル綿適宜
- 手ぬい糸

仕上がり寸法
- 直径10cmの円形（レース部分含む）

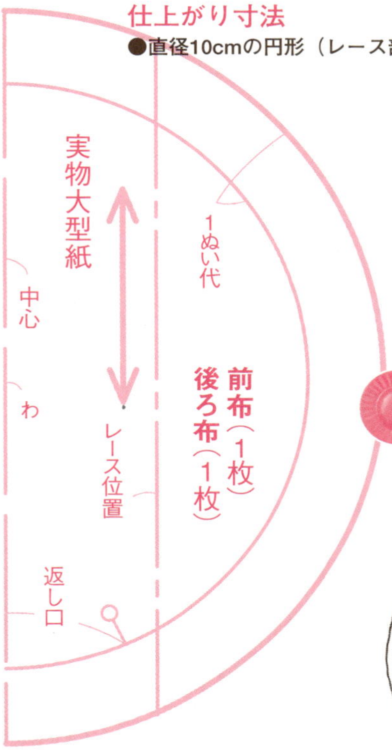

手順ガイド

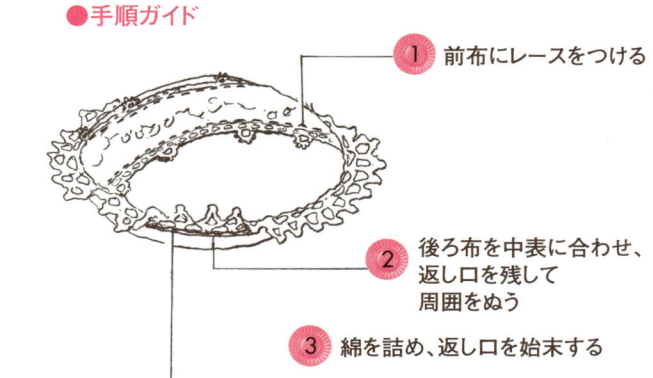

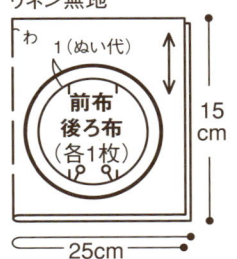

1. 前布にレースをつける
2. 後ろ布を中表に合わせ、返し口を残して周囲をぬう
3. 綿を詰め、返し口を始末する
4. 周囲にレースをつける

実物大型紙

中心・わ・返し口・レース位置・1ぬい代
前布（1枚）・後ろ布（1枚）

●裁ち方図

リネン無地
前布・後ろ布（各1枚）
1（ぬい代）
15cm × 25cm

1 前布にレースをつける

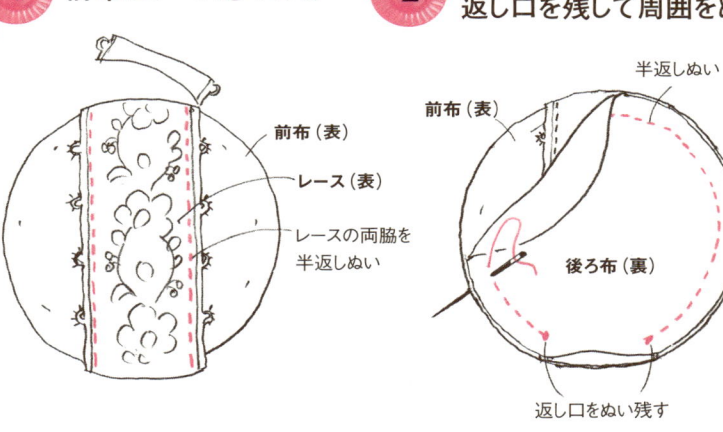

前布（表）
レース（表）
レースの両脇を半返しぬい

2 後ろ布を中表に合わせ返し口を残して周囲をぬう

半返しぬい
前布（表）
後ろ布（裏）
返し口をぬい残す

3 綿を詰め、返し口を始末する

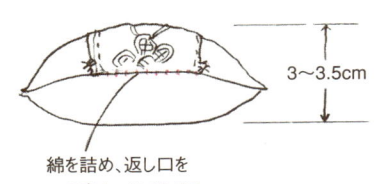

3〜3.5cm
綿を詰め、返し口をコの字まつりでとじる

このくらいの厚さになるまで詰めましょう

4 周囲にレースをつける（巻きかがり）

つけ始めは端を折る
*つけ終わりははじめのレースに上から重ねてぬいとめる

コツです
外側は伸ばし気味に
内側はいせ気味に

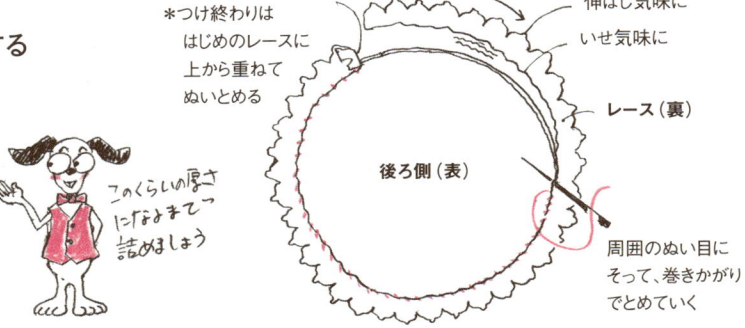

伸ばし気味に
いせ気味に
レース（裏）
後ろ側（表）
周囲のぬい目にそって、巻きかがりでとめていく

なるほどMEMO　アレンジいろいろ「テープ」と「レース」

●じゃばらテープとセーラーテープ

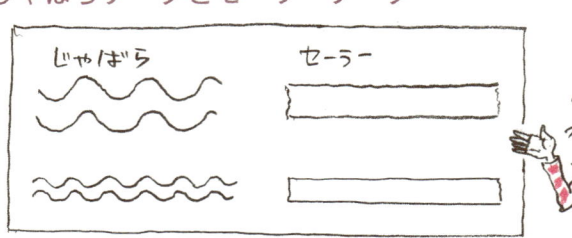

じゃばら　　セーラー

「じゃばらテープ」とは…山道テープとも呼ばれる波型の装飾用のテープ。ナチュラルな綿製のほかに光沢のあるレーヨン製などもあり色数も豊富です。
まっすぐなタイプもあり「セーラーテープ」と呼ばれます

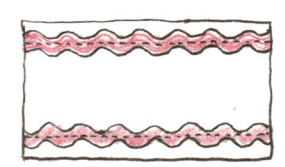

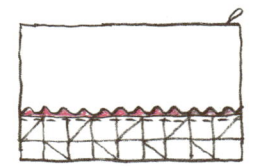

★縁飾りに　　★ぬいつける　　★はさみこむ　　★ひもにする

●いろいろなレース

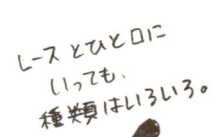

レースとひと口にいっても、種類はいろいろ。

〈トーション〉
綿、リネン糸を編んだ厚手タイプ。縁飾りなどに。縮むので必ず水通ししして使う

〈綿〉 
綿布に刺しゅうしたタイプ。一番あつかいやすく色数も豊富

〈チュール〉 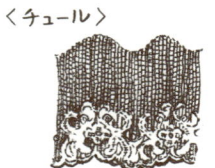
ネット状のチュールに刺ししゅうしたタイプ　大人っぽく繊細な雰囲気

〈リバー〉
ごく細い糸で編んだ最高級品。美しさはピカいちだがかなり高価

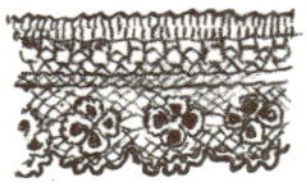

〈ナイロン〉
リバーレースの大量生産品。質感では劣るものの値段は手ごろ

●縁飾りに　　●ぬいつける　　●布のつぎ目に　　●重ねてぬいつける　　●アップリケに

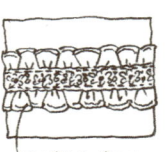

両端とも飾りになっているタイプ。

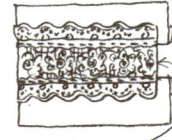

レースをあててぬいつなぐ

チュールレースの刺しゅうモチーフをぬいつける

ミニトートバッグ

ITEM 11

近所への外出用や、子ども用に、意外と活躍してくれる小さなトートバッグ。厚手の布で裏地をつけずに作るので、作業も簡単です。しっかり丈夫に仕立てて。

はじめる前に

●用意する材料
- 布［厚手綿プリント］35×65cm
- 厚手綿テープ 幅2.5×25cmを2本
- ポリエステル綿適宜
- 手ぬい糸
- 30番手ぬい糸

●仕上がり寸法
- タテ×ヨコ×マチ　22×19×10cm

●製図

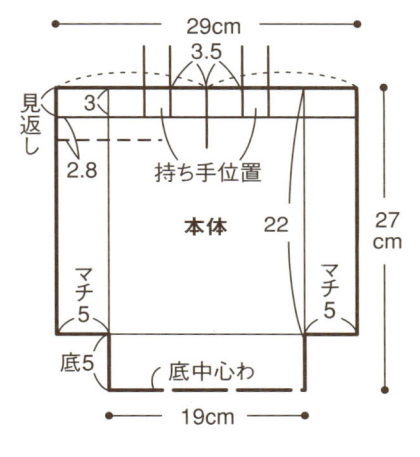

29cm / 3.5 / 見返し 3 / 2.8 / 持ち手位置 / 本体 / 22 / 27cm / マチ 5 / 底 5 / 底中心わ / 19cm

●裁ち方図

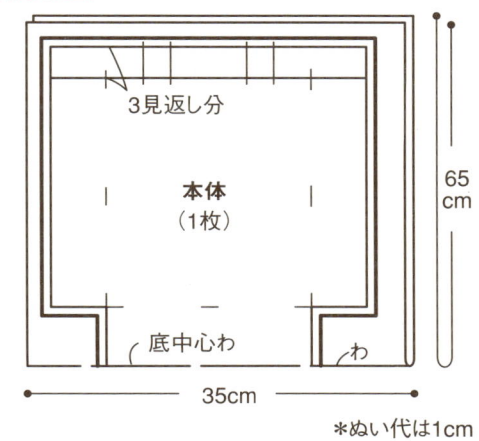

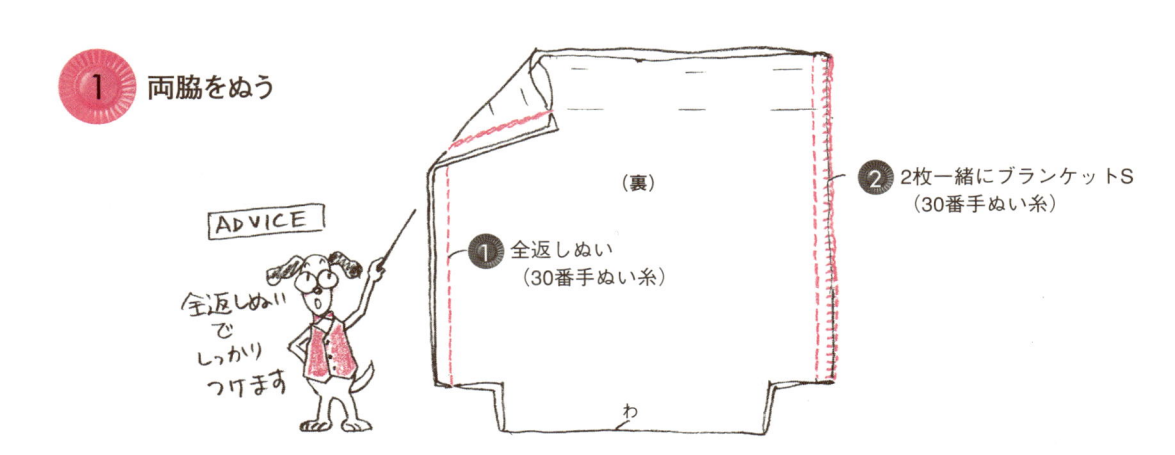

3見返し分 / 本体（1枚） / 65cm / 底中心わ / わ / 35cm
＊ぬい代は1cm

●手順ガイド

持ち手（2.5cm幅綿テープ）
1. 両脇をぬう
2. マチをぬう
3. 持ち手をはさんで袋口を始末する
4. 持ち手を起こしてぬう

1. 両脇をぬう

(裏)
1. 全返しぬい（30番手ぬい糸）
2. 2枚一緒にブランケットS（30番手ぬい糸）

ADVICE：全返しぬいでしっかりつけます

わ

② マチをぬう

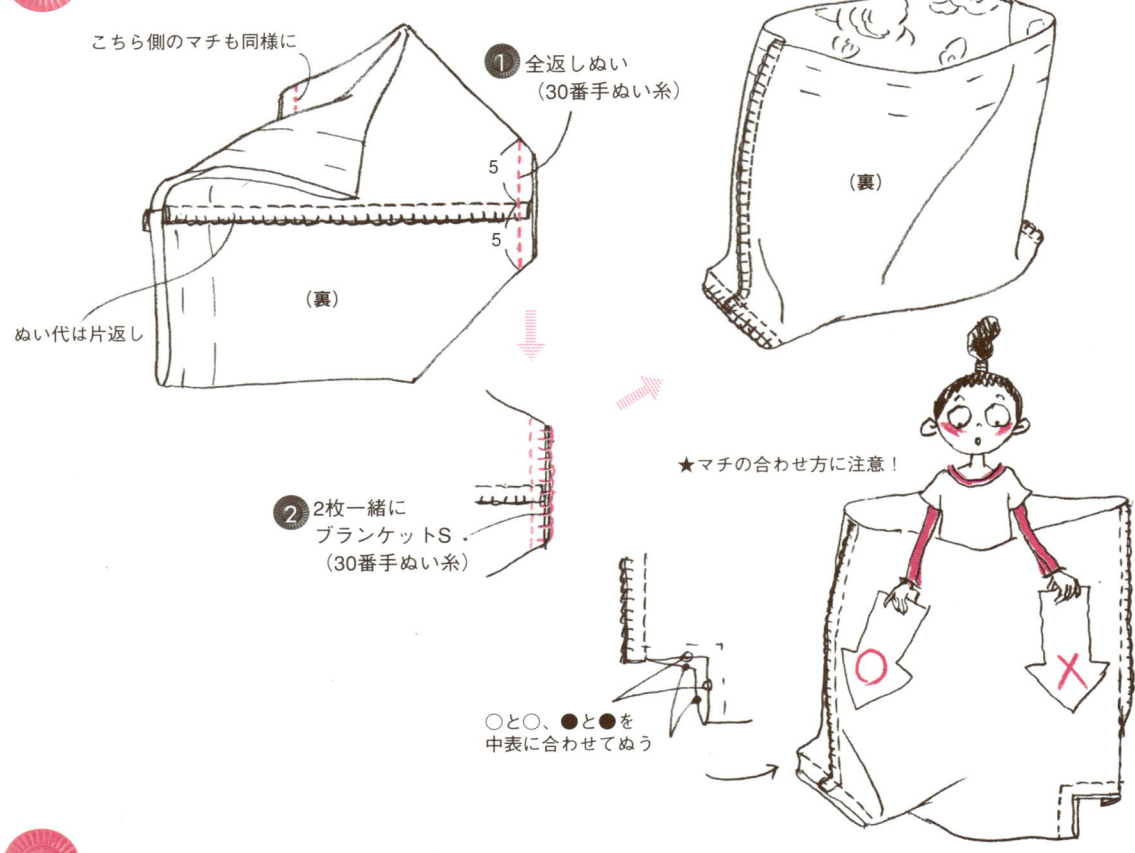

- こちら側のマチも同様に
- ① 全返しぬい（30番手ぬい糸）
- ぬい代は片返し
- ② 2枚一緒にブランケットS（30番手ぬい糸）

★マチの合わせ方に注意！

○と○、●と●を中表に合わせてぬう

③ 持ち手をはさんで、袋口を始末する

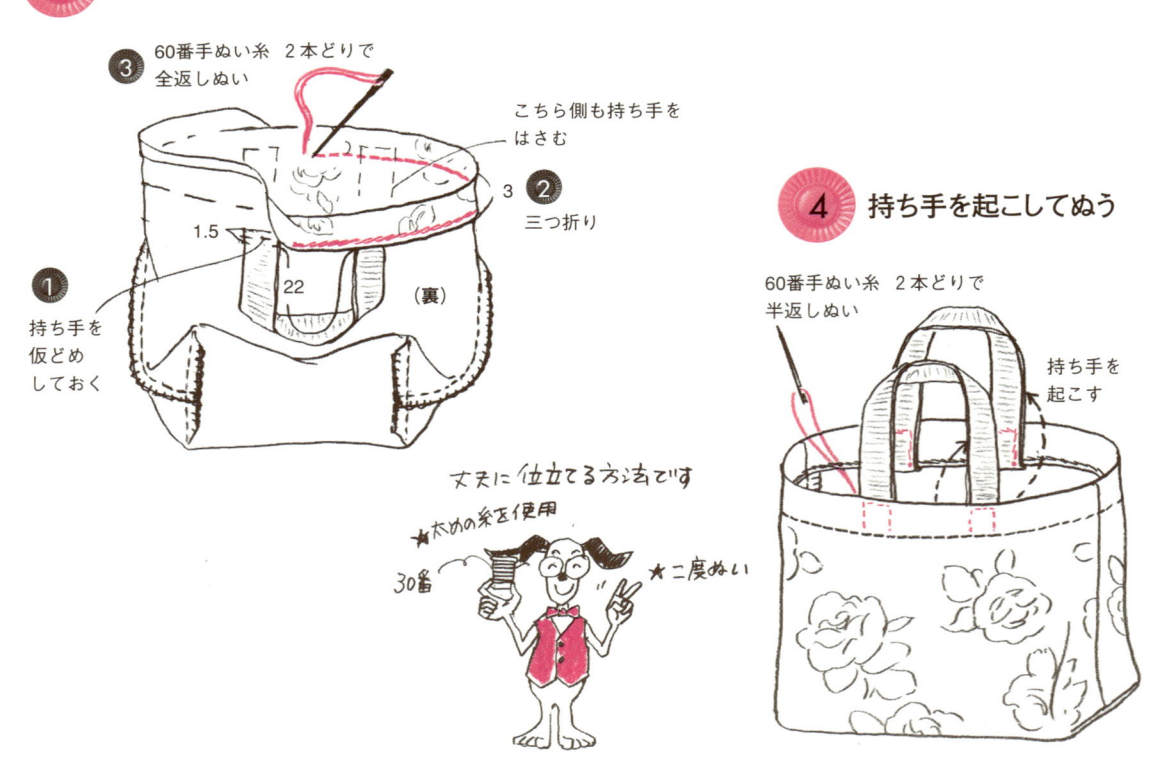

- ③ 60番手ぬい糸 2本どりで全返しぬい
- こちら側も持ち手をはさむ
- ② 三つ折り
- ① 持ち手を仮どめしておく
- 1.5
- 22
- （裏）

丈夫に仕立てる方法です
★太めの糸使用 30番
★二度ぬい

④ 持ち手を起こしてぬう

- 60番手ぬい糸 2本どりで半返しぬい
- 持ち手を起こす

ミニバケツ型バッグ

ITEM 12

持ち手を共布で作り、底や裏地もつけるタイプのミニバッグ上級編。ひとつ作ったら、次は好みのサイズにアレンジするのもおすすめです。

はじめる前に

用意する材料
- 表布［厚手綿プリント地］85×35cm
- 裏布［綿ストライプ地］75×35cm
- 薄手接着芯 75×35cm
- 手ぬい糸
- 30番手ぬい糸

型紙は
P.109
P.110

仕上がり寸法
- タテ×ヨコ×底径　20×25×9.5cm

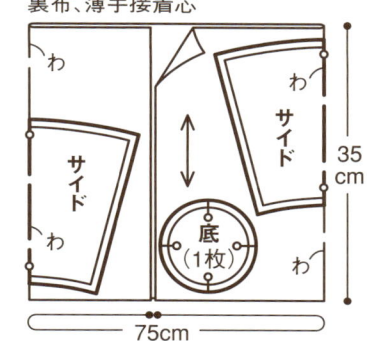

●裁ち方図
*ぬい代は1cm

表布　持ち手(2枚)　サイド　底(1枚)　わ　35cm　85cm

裏布、薄手接着芯　サイド　底(1枚)　わ　35cm　75cm

●手順ガイド
*ぬい糸、ステッチは30番手ぬい糸を使用

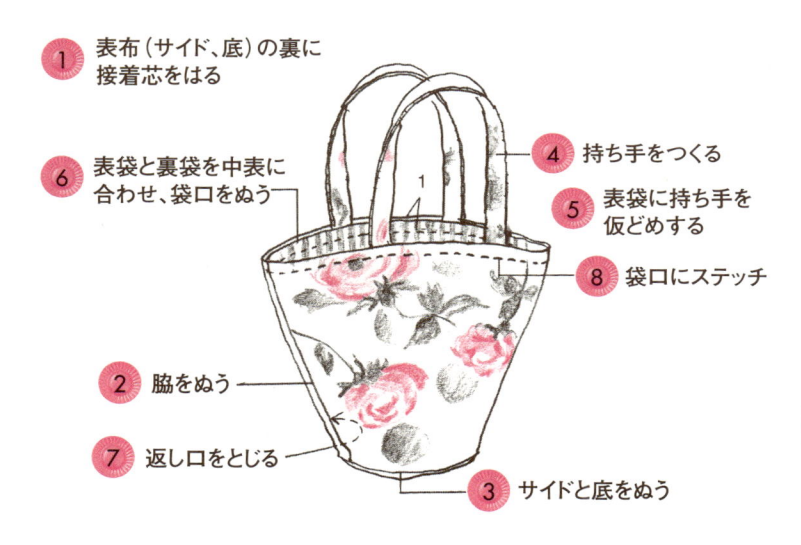

1. 表布（サイド、底）の裏に接着芯をはる
2. 脇をぬう
3. サイドと底をぬう
4. 持ち手をつくる
5. 表袋に持ち手を仮どめする
6. 表袋と裏袋を中表に合わせ、袋口をぬう
7. 返し口をとじる
8. 袋口にステッチ

① 表布（サイド、底）の裏に接着芯をはる

② 脇をぬう（表布、裏布それぞれに）

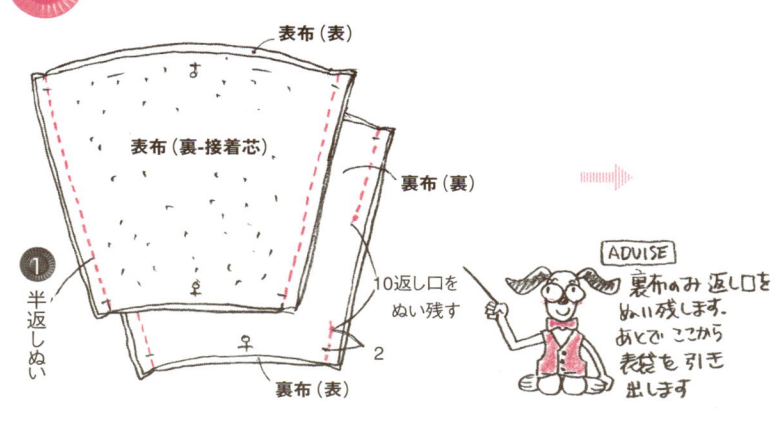

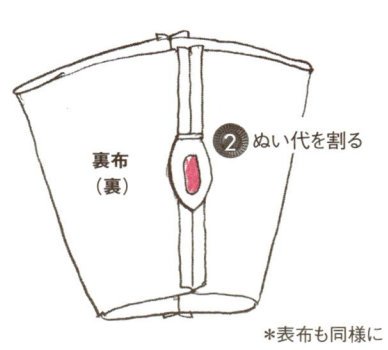

表布（表）
表布（裏-接着芯）
裏布（裏）
① 半返しぬい
10 返し口をぬい残す
裏布（表）

ADVISE: 裏布のみ返し口をぬい残します。あとでここから表袋を引き出します。

② ぬい代を割る
裏布（裏）
*表布も同様に

PART 2 ミニバケツ型バッグ

3 サイドと底をぬう

① 半返しぬい
合印を合わせる
表底（裏）
表サイド（裏）

② ぬい代を底側に倒す
＊裏袋も同様にぬう

4 持ち手を作る

① アイロンで寸法に折る
② 細かいコの字まつりでとじる

5 表袋に持ち手を仮どめする

表袋（表）
持ち手
並ぬいで仮どめ

6 表袋と裏袋を中表に合わせ、袋口をぬう

① 中表に合わせる
裏袋（裏）
② 袋口をぬう（半返しぬい）
③ 返し口から表に返す
返し口から表袋を引っぱり出すように

7 返し口をコの字まつりでとじる

コの字まつり
裏袋（表）
表袋（表）
裏袋を中に入れます

8 袋口にステッチ

口を整える
表袋（表）
30番手ぬい糸1本どりで並ぬいステッチ

ITEM 13 レジ袋ストッカー

気をつけてもたまりがちなレジ袋は、専用のストッカーに収納してムダなく活用。
底面にあき口をつくる方法は、ティッシュケースカバーなどにも応用できます。

はじめる前に

用意する材料
- 布［綿プリント地］70×50cm
- 薄手接着芯 35×10cm
- 綿ロープ 直径4mm×55cmを2本
- ハトメ 4組
- 手ぬい糸
- 5番刺しゅう糸（ステッチ用）

仕上がり寸法
- タテ×ヨコ×マチ 37×20×10cm

布の材料寸法（用尺）について
寸法の中に（裁断寸法）とあるのは布に余裕のないギリギリの寸法です。
新しく布を買う場合は10cmくらい多めにえらんだほうが安心です。

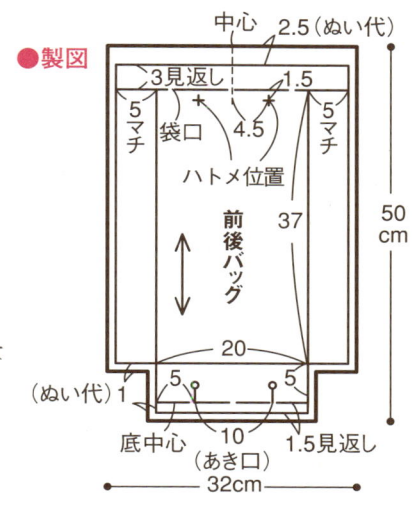

●製図

中心 2.5（ぬい代）
3見返し 1.5
5マチ 袋口 5マチ
4.5
ハトメ位置
前後バッグ
37
50cm
20
(ぬい代)1 5 5 1.5見返し
底中心 10
（あき口）
32cm

●裁ち方図

2.5（ぬい代）
袋口 接着芯をはる
前後バッグ（各1枚）
50cm（裁断寸法）
1(ぬい代) (ぬい代)1
わ
1.5見返し
70cm

●手順ガイド

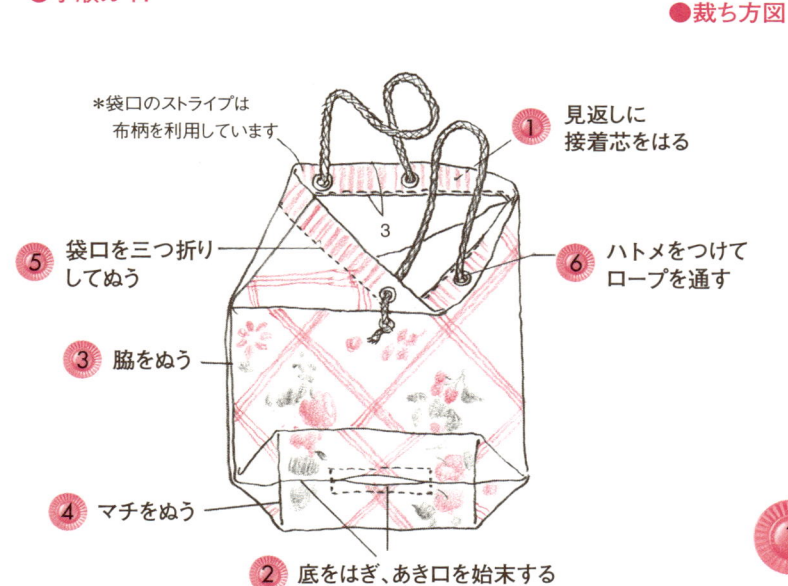

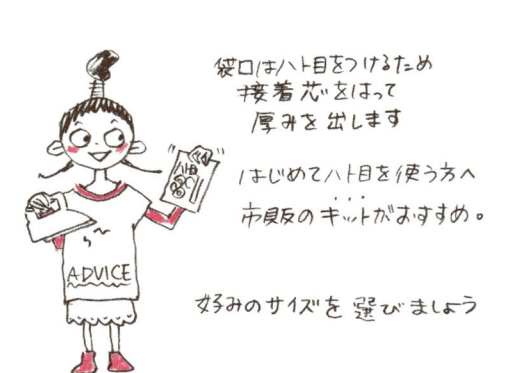

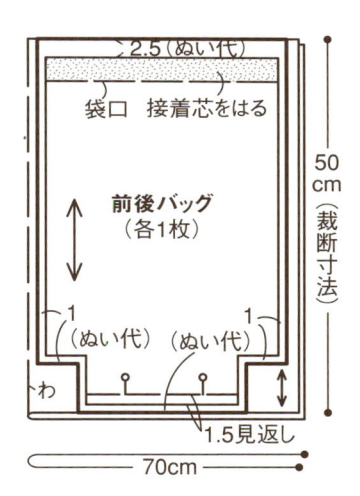

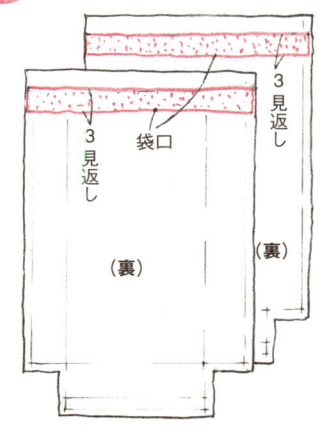

1. 見返しに接着芯をはる
2. 底をはぎ、あき口を始末する
3. 脇をぬう
4. マチをぬう
5. 袋口を三つ折りしてぬう
6. ハトメをつけてロープを通す

*袋口のストライプは布柄を利用しています

1 見返しに接着芯をはる

3見返し
袋口
3見返し
（裏）（裏）

袋口はハトメをつけるため接着芯をはって厚みを出します

はじめてハトメを使う方へ
市販のキットがおすすめ。
好みのサイズを選びましょう

② 底をはぎ、あきロを始末する

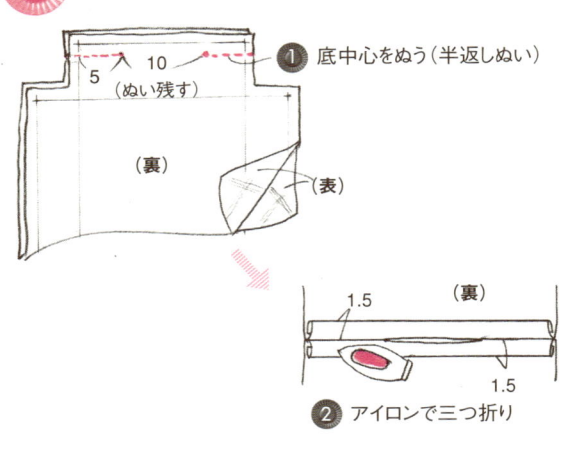

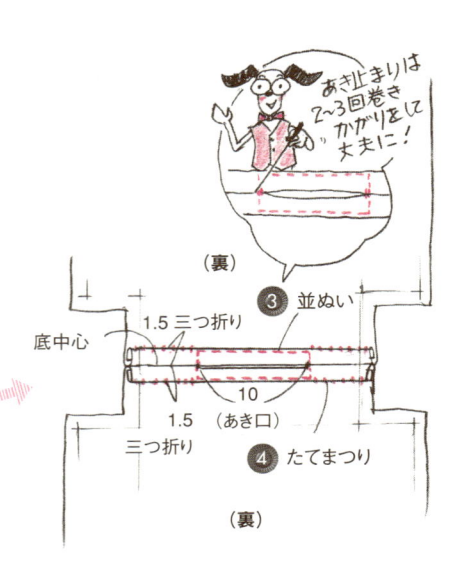

- ① 底中心をぬう（半返しぬい）
- 5（ぬい残す） 10
- （裏）（表）
- ② アイロンで三つ折り
- 1.5　1.5　（裏）

あき止まりは2〜3回巻きカガリをして大丈夫に！

- ③ 並ぬい
- 1.5 三つ折り
- 底中心
- 10（あきロ）
- 1.5 三つ折り
- ④ たてまつり
- （裏）

③ 脇をぬう

- （表）
- ② 2枚一緒にブランケットS（30番手ぬい糸 1本どり）
- （裏）
- ① 脇をぬう（半返しぬい）

④ マチをぬう

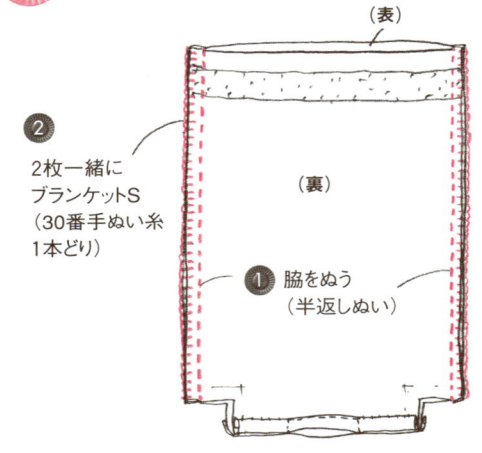

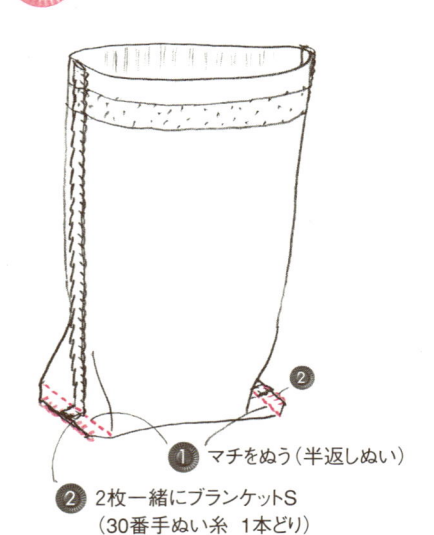

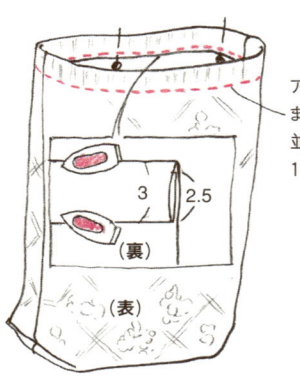

- ① マチをぬう（半返しぬい）
- ② 2枚一緒にブランケットS（30番手ぬい糸 1本どり）

⑤ 袋口を三つ折りにしてぬう

- アイロンで三つ折りし、まち針でとめ、並ぬい（30番手ぬい糸 1本どり）
- 3　2.5
- （裏）（表）

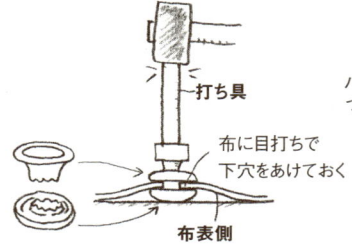

⑥ ハトメをつけてロープを通す

- 打ち具
- 布に目打ちで下穴をあけておく
- 布表側
- ハトメをつける
- ロープを通し、ひと結び

なるほどMEMO 使いこなすと楽しい「金具」いろいろ

レジ袋ストッカーのひも通し穴に使ったハトメのほかにも、手作りに使える金具類はいろいろあります。

★バネホック

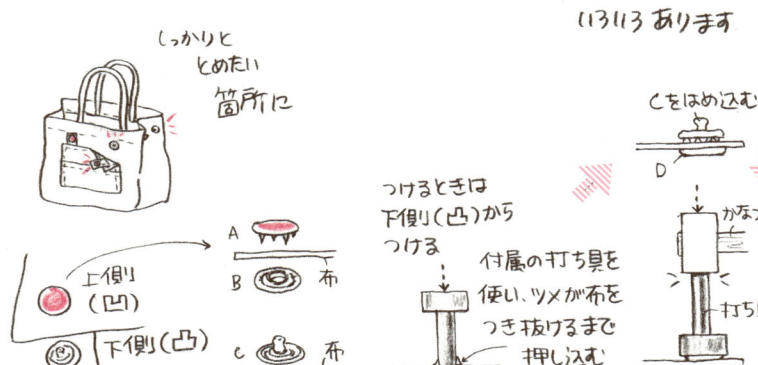

しっかりととめたい箇所に

上側（凹）
下側（凸）

A
B 布
C 布
D

つけるときは下側（凸）からつける
付属の打ち具を使い、ツメが布をつき抜けるまで押し込む

Cをはめ込む
かなづち
打ち具
D

凸ボタンを押しつけて位置を確認し、上側（凹）をつけます。上側の表からA、Bの順につけます。

★カシメ

革の持ち手など、ぬいにくいものを固定できます。デザインのアクセントとしても。

いろいろな形があります。

つけ方

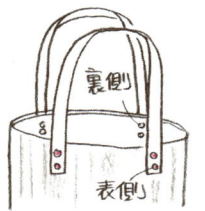

裏側
表側

表側（凹）
裏側（凸）

押し込んで、金づちなどでたたく
キリなどで穴をあけておく
革など（持ち手）
布（バッグ）

★なすかん

この幅をテープの幅に合わせて選ぶ

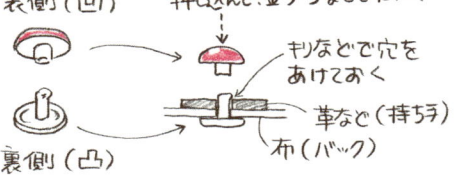

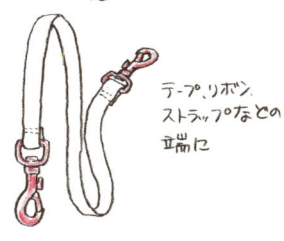

テープ、リボン、ストラップなどの端に

★Dかん

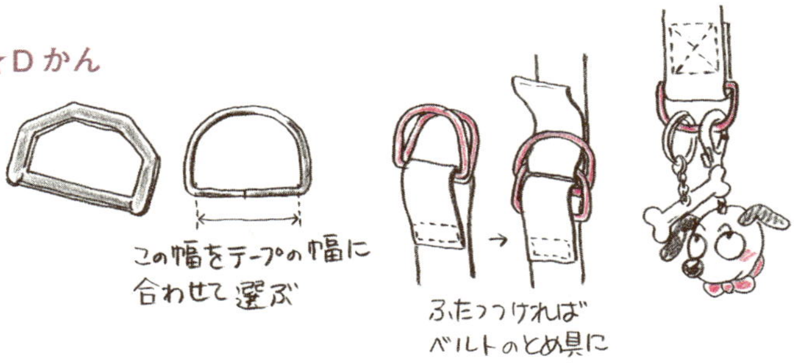

この幅をテープの幅に合わせて選ぶ

ふたつつければベルトのとめ具に

69

ITEM 14 メガネケース

両端から押し開ける口金つきのメガネケース。タテ、ヨコの布幅を変え、ヨコ幅に合わせた口金に変えれば、小物入れや子ども用のお財布など、用途いろいろ。

はじめる前に

用意する材料
- 表布［綿ストライプ地］15×50cm
- 裏布［青フェルト］10×42cm
- アップリケ用フェルト少々
- ボタン（アップリケ用）直径7.5mmを2個
- バネ口金 1セット（幅1.5×長さ9cm）
- 手ぬい糸（本ぬい用）
- 5番刺しゅう糸（ステッチ用）

仕上がり寸法
- タテ×ヨコ 18.5×8.5cm

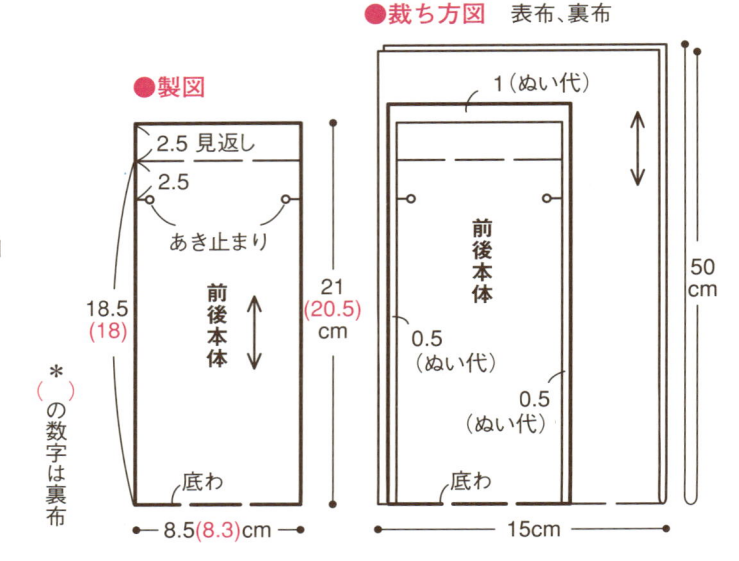

●製図

前後本体
- 2.5 見返し
- 2.5
- あき止まり
- 18.5 (18)
- 21 (20.5) cm
- 8.5 (8.3) cm
- 底わ
- *( )の数字は裏布

●裁ち方図　表布、裏布

前後本体
- 1（ぬい代）
- 0.5（ぬい代）
- 0.5（ぬい代）
- 50cm
- 15cm
- 底わ

●手順ガイド

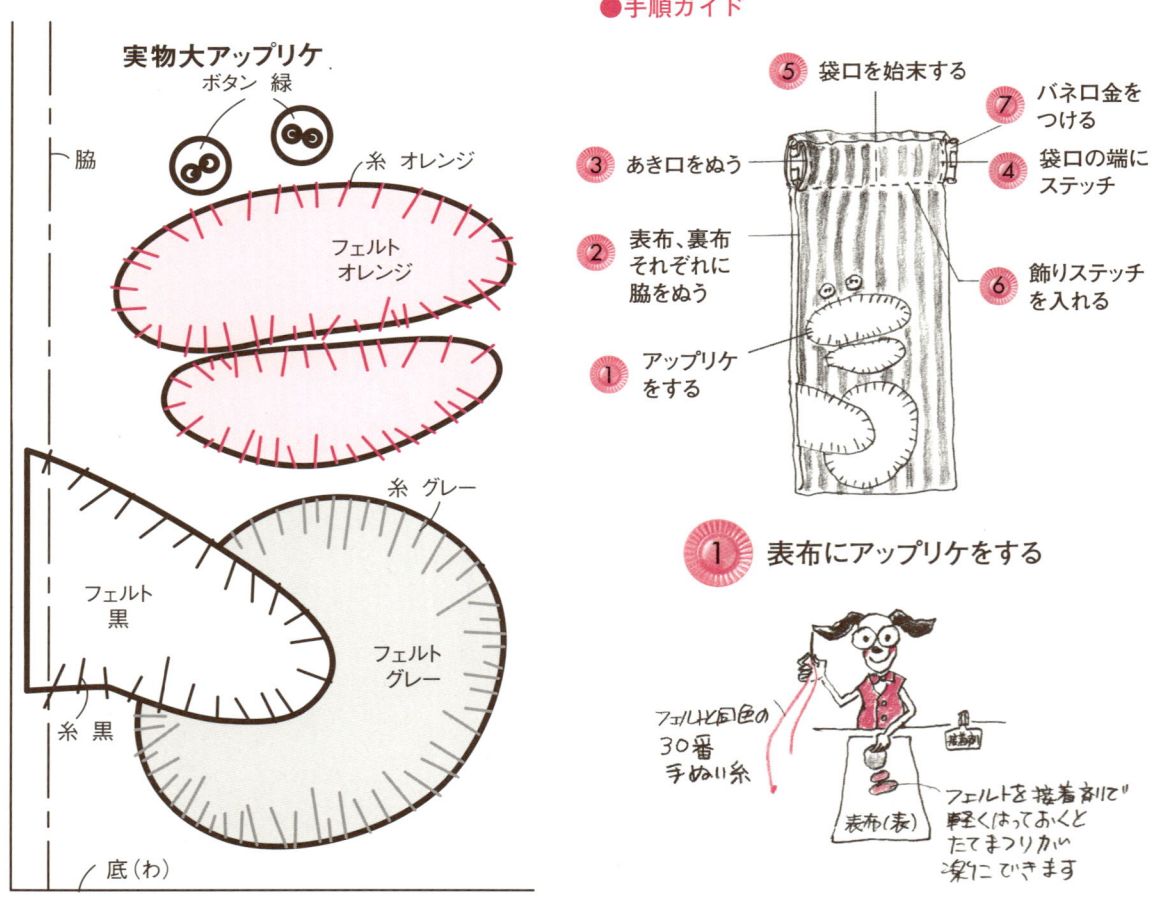

1. アップリケをする
2. 表布、裏布それぞれに脇をぬう
3. あき口をぬう
4. 袋口の端にステッチ
5. 袋口を始末する
6. 飾りステッチを入れる
7. バネ口金をつける

実物大アップリケ

- 脇
- ボタン 緑
- 糸 オレンジ
- フェルト オレンジ
- フェルト 黒
- 糸 グレー
- フェルト グレー
- 糸 黒
- 底（わ）

① 表布にアップリケをする

フェルトと同色の30番手ぬい糸

フェルトを接着剤で軽くはっておくとたてまつりが楽にできます

表布（表）

2 表布、裏布それぞれに脇をぬう

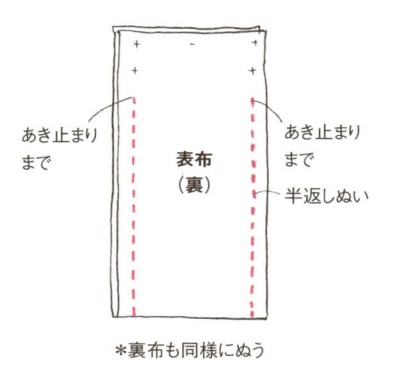

あき止まりまで / あき止まりまで / 表布（裏）/ 半返しぬい

＊裏布も同様にぬう

3 表布、裏布を中表に合わせてあき口をぬう

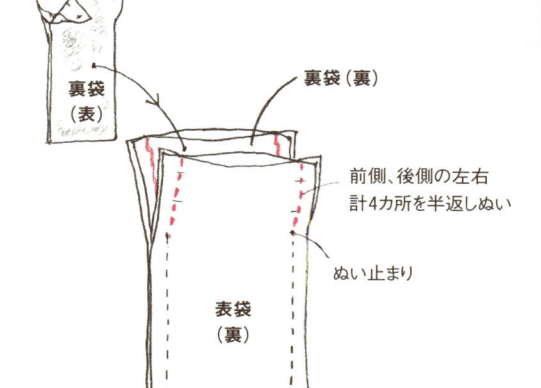

裏袋（表）/ 裏袋（裏）/ 表袋（裏）/ 前側、後側の左右計4カ所を半返しぬい / ぬい止まり

PART 2 メガネケース

4 表に返し、袋口の端にステッチ

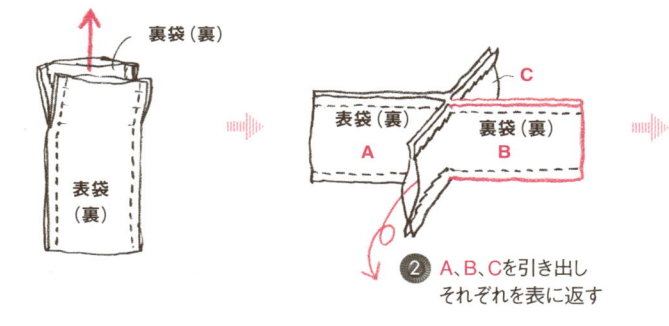

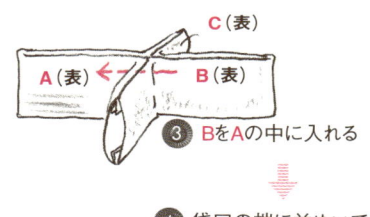

① 裏袋を引き出す

裏袋（裏）/ 表袋（裏）

② A、B、Cを引き出しそれぞれを表に返す

表袋（裏）A / 裏袋（裏）B / C

③ BをAの中に入れる

C（表）/ A（表）/ B（表）

④ 袋口の端に並ぬいでステッチ ⓢ

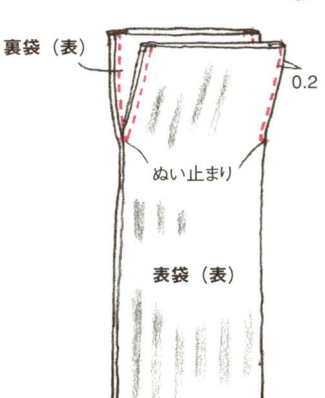

裏袋（表）/ 0.2 / ぬい止まり / 表袋（表）

5 袋口を三つ折りにして始末する

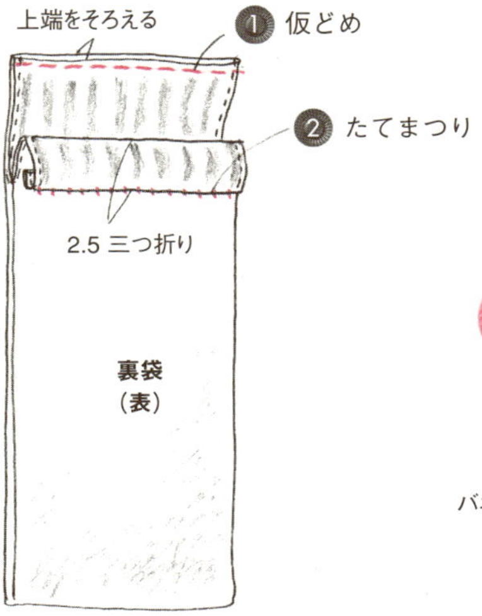

上端をそろえる / ① 仮どめ / ② たてまつり / 2.5 三つ折り / 裏袋（表）

6 表から飾りステッチを入れる

2 / 並ぬいで飾りステッチ ⓢ

7 バネ口金をつける

とめネジ / バネ口金 / 両側から差し込んだバネ口金具を合わせ、とめネジを打ち込んでとめる

ITEM 15 携帯電話ケース

毎日持ち歩くからこそこだわりたい携帯ケース。裏地はフェルトなので、布端始末が不要で電話を保護するクッションにもなり、と一石二鳥です。

はじめる前に

●用意する材料
- 表布［綿プリント地］26×15cm
- 裏布［フェルト］26×15cmと4×7cm
- スナップボタン 1組
- 手ぬい糸（本ぬい用）
- 5番刺しゅう糸（ステッチ用）

●仕上がり寸法
- タテ×ヨコ　12×8cm（本体部分）

●裁ち方図

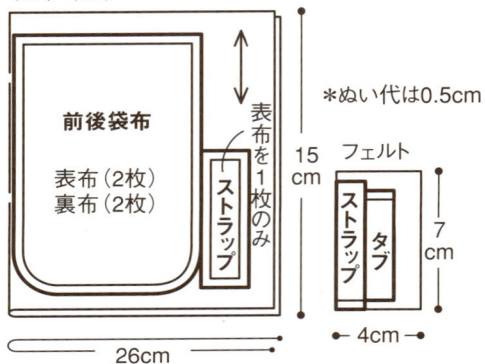

表布　裏布

前後袋布
表布（2枚）
裏布（2枚）

ストラップ

フェルト
ストラップ　タブ

*ぬい代は0.5cm
15cm
7cm
26cm
4cm

●製図

前後袋布
ストラップ　0.5（ぬい代）
タブ（フェルト1枚）　わ

2.5 / 1.5 / 7 / 6 / 8(7.4) / 2 / 2 / 13(12.7) / 12(11.7) / 0.5（ぬい代） / 1.5 / 0.5（ぬい代） / 1.5 / 9.5(8.4)

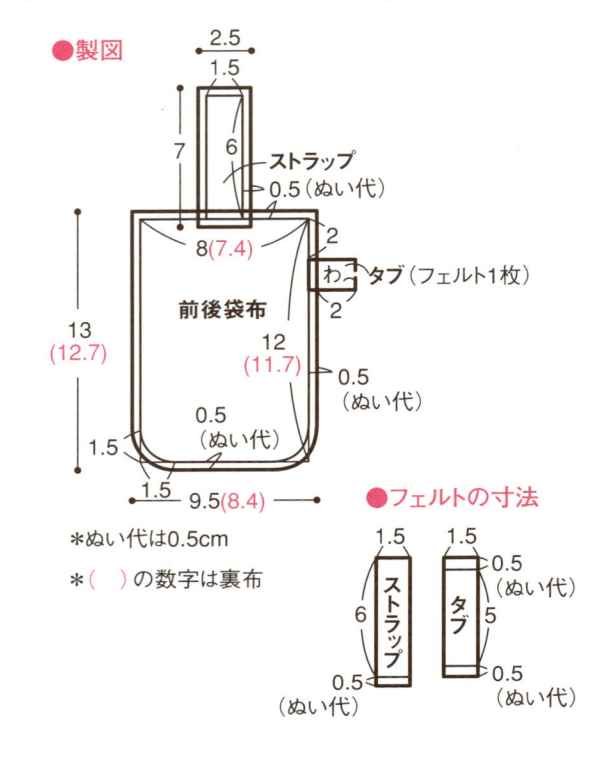

*ぬい代は0.5cm
*（　）の数字は裏布

●フェルトの寸法

ストラップ
1.5 / 0.5（ぬい代） / 6 / 0.5（ぬい代）

タブ
1.5 / 0.5（ぬい代） / 5 / 0.5（ぬい代）

●手順ガイド

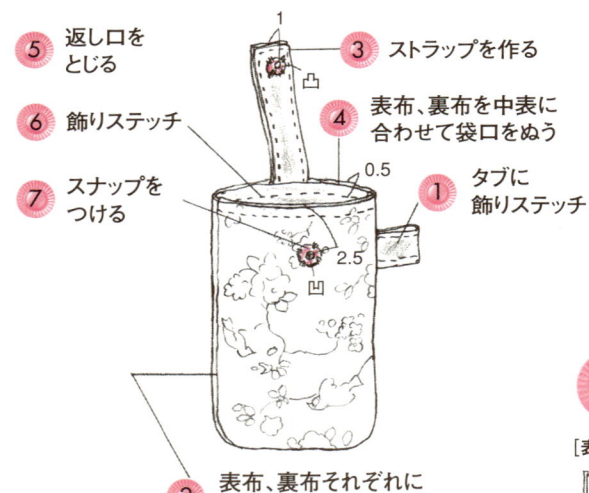

1. タブに飾りステッチ
2. 表布、裏布それぞれに脇から底をぬう
3. ストラップを作る
4. 表布、裏布を中表に合わせて袋口をぬう
5. 返し口をとじる
6. 飾りステッチ
7. スナップをつける

1 タブに飾りステッチ

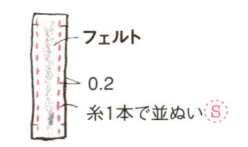

フェルト
0.2
糸1本で並ぬい S

2 表布、裏布それぞれに脇から底をぬう

[表布]
表布（表）
2　タブをはさむ
わ
タブ（表）
表布（裏）
半返しぬい

[裏布]
1.5
6　返し口をぬい残す
裏布（裏）

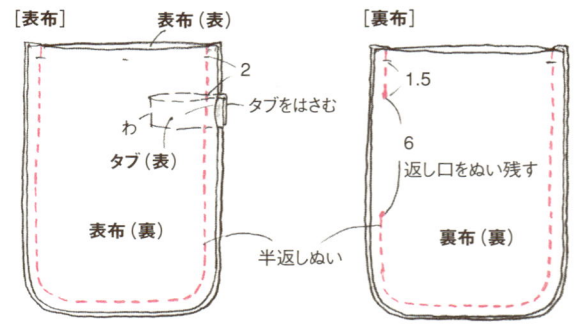

③ ストラップを作る

① 表布をできあがりに折る

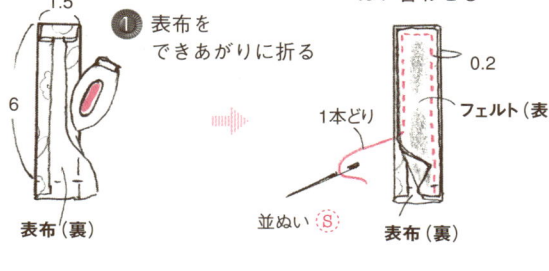

1.5
6

表布（裏）

② フェルトを重ねてぬい合わせる

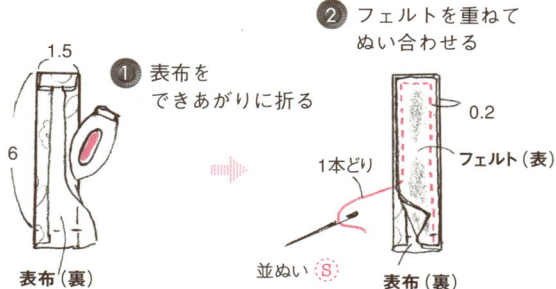

0.2
1本どり
フェルト（表）
並ぬい S
表布（裏）

④ 表布、裏布を中表に合わせて袋口をぬう

① ストラップを仮どめする

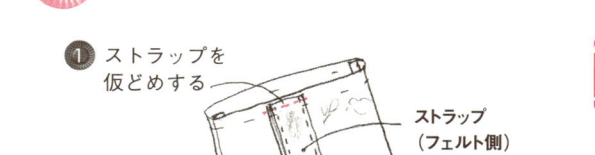

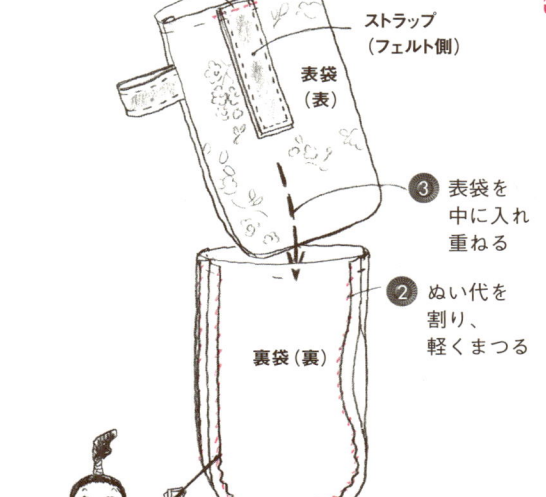

ストラップ（フェルト側）
表袋（表）

③ 表袋を中に入れ重ねる

② ぬい代を割り、軽くまつる

裏袋（裏）

表袋はフェルトです。
指で（手で）ぬい代を割って軽くまつりつけておくと 表袋と重ねたとき、ゴロゴロせずかわいく仕上がります

④ 半返しぬいで袋口をぬう

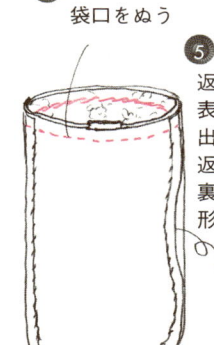

⑤ 返し口から表布を引っぱり出すように表に返し、表袋に裏袋を入れ込み、形を整える

⑤ 返し口をとじる

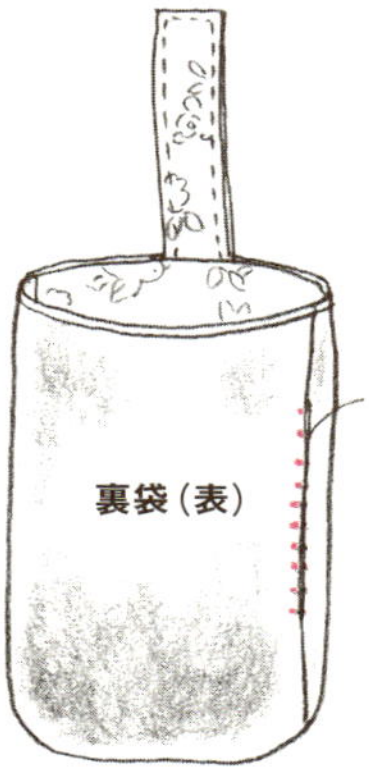

まつる
裏袋（表）

⑥ 袋口に飾りステッチ

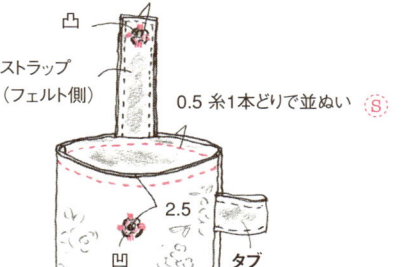

凸
ストラップ（フェルト側）
1
0.5 糸1本どりで並ぬい S
2.5
凹
表袋（表）
タブ

⑦ スナップをつける

＊下図参照

なるほどMEMO　スナップボタンのつけ方

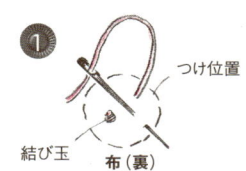

①
結び玉
つけ位置
布（裏）

② スナップ裏で少し布をすくい、穴から針を出す

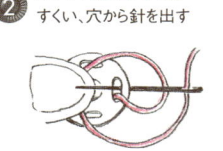

③ となり穴に針を出し、くり返す

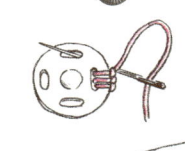

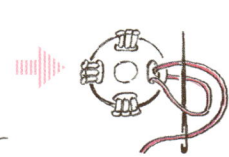

④ 玉止めをスナップの下に引き込み、裏で糸を切る
玉止め 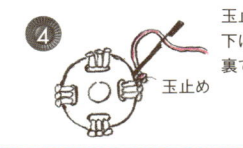

⑤ 凹スナップは跡をつけて位置を決め、同様につける

PART 2 携帯電話ケース

マイはし袋

ITEM 16

少しずつ増えている「マイはし派」。専用ケースがあれば、持ち歩くのも楽しくなりそう。フラップ部分も本体布を続けて裁ってつくる、技アリ仕立てです。

はじめる前に

●用意する材料
- 表布①［モカフェルト］11×14cm
- 表布②［ブルーフェルト］11×20cm
- 裏布［麻無地］11×32cm
- ボタン 直径12mmを1個
- 手ぬい糸（本ぬい用）
- 5番刺しゅう糸（糸ループ用・ステッチ用）

仕上がり寸法
- タテ×ヨコ　23.5×4cm

●手順ガイド

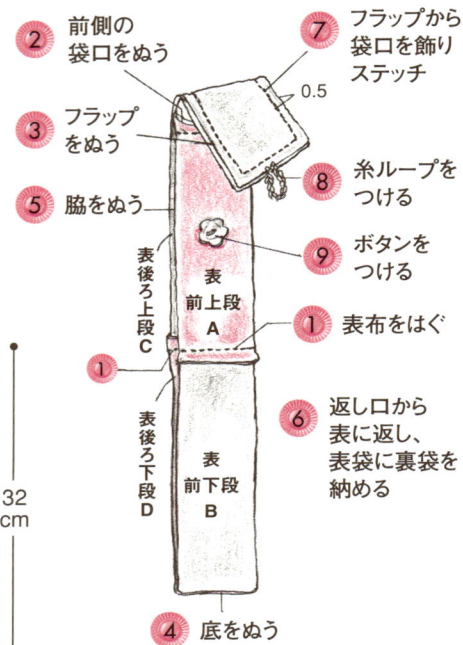

1. 表布をはぐ
2. 前側の袋口をぬう
3. フラップをぬう
4. 底をぬう
5. 脇をぬう
6. 返し口から表に返し、表袋に裏袋を納める
7. フラップから袋口を飾りステッチ
8. 糸ループをつける
9. ボタンをつける

●製図

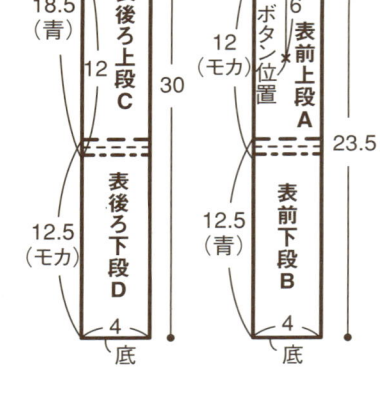

（表後ろ上段C 18.5（青）、表後ろ下段D 12.5（モカ）、フラップ 6.5、袋口 4、底 4、全長30）

（表前上段A 12（モカ）、表前下段B 12.5（青）、袋口 4、底 4、ボタン位置 6、全長23.5）

●裁ち方図

モカフェルト（11cm幅）: D、A（14cm、はぎ側）

青フェルト（11cm幅）: C、B（20cm、はぎ側）

裏布（11cm幅）: 裏袋後ろ 30、裏袋前 23.5（32cm、4）

作り方

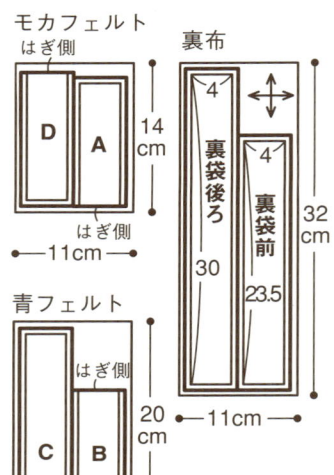

1 表布（フェルト）の前後布をそれぞれはぐ
［後ろ側］C（表）/ D（表）、［前側］A（表）/ B（表）　全返しぬい

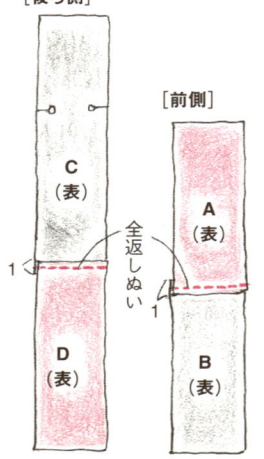

2 前側の表布と裏布を合わせ、袋口をぬう
A（裏）/ B（表）/ 裏袋前（表）　半返しぬい

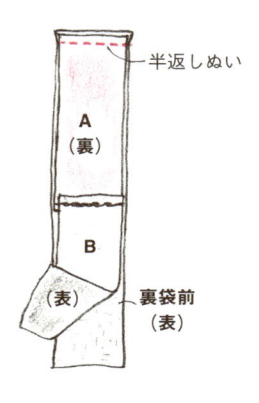

3 後ろ側の表布と裏布を合わせて、フラップ部分をぬう
C（裏）/ D（表）/ 裏袋後ろ（表）　半返しぬい

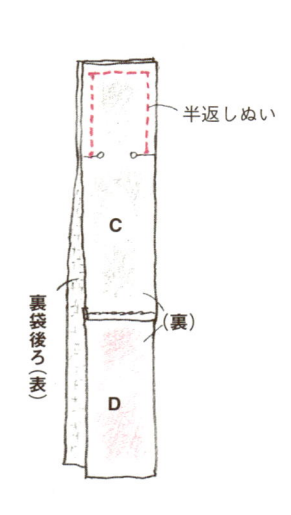

④ 前側・後ろ側を中表に合わせて底部分をぬう

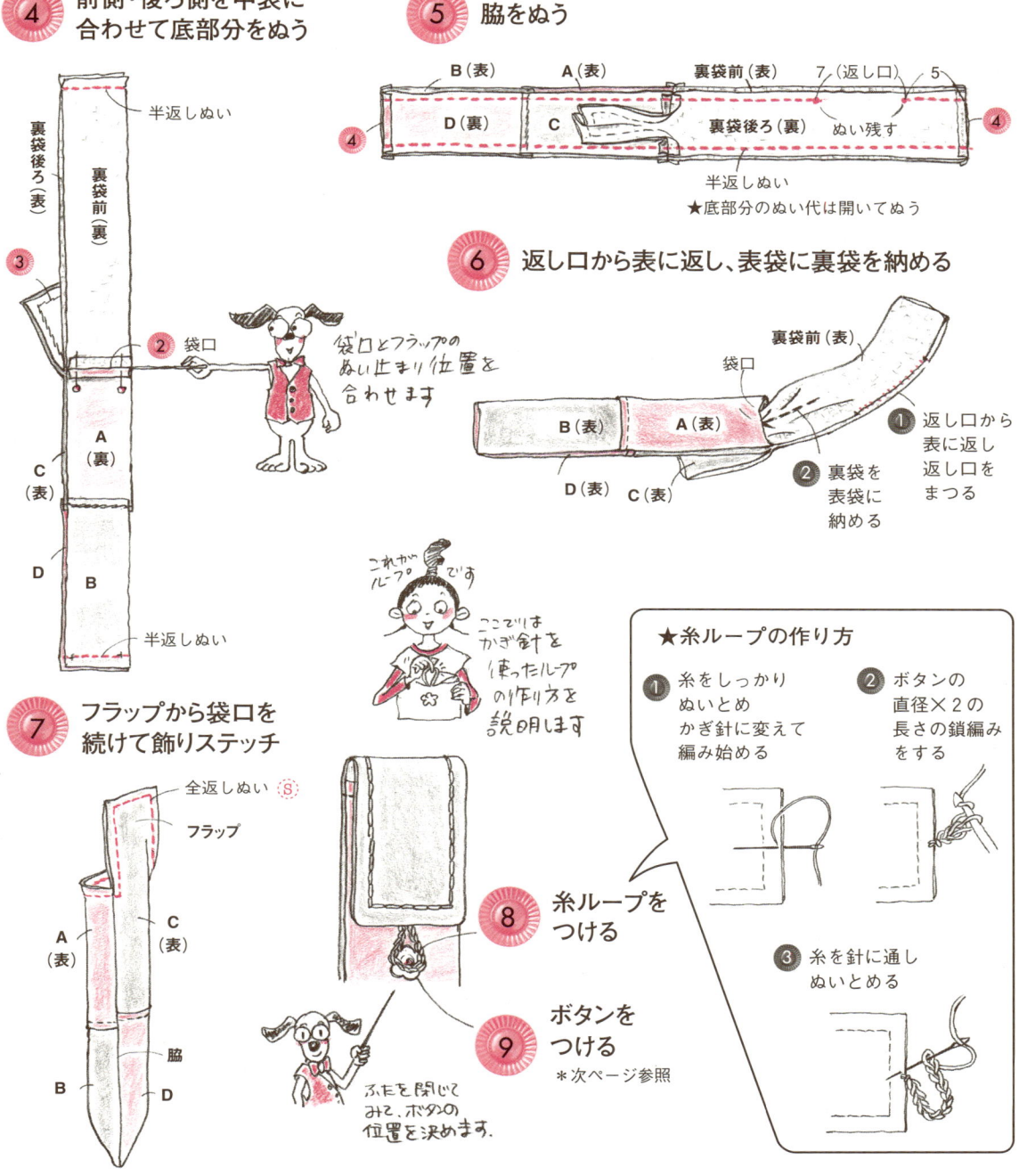

- 半返しぬい
- 裏袋後ろ（表）
- 裏袋前（裏）
- ③
- ②袋口
- A（裏）
- C（表）
- D
- B
- 半返しぬい

袋口とフラップのぬい止まり位置を合わせます

⑤ 脇をぬう

- B（表） A（表） 裏袋前（表） 7（返し口） 5
- D（裏） C（裏） 裏袋後ろ（裏） ぬい残す ④
- ④
- 半返しぬい

★底部分のぬい代は開いてぬう

⑥ 返し口から表に返し、表袋に裏袋を納める

- 裏袋前（表）
- 袋口
- B（表） A（表）
- D（裏） C（表）
- ① 返し口から表に返し返し口をまつる
- ② 裏袋を表袋に納める

⑦ フラップから袋口を続けて飾りステッチ

- 全返しぬい ⑤
- フラップ
- A（表）
- C（表）
- 脇
- B D

これがループです
ここではかぎ針を使ったループの作り方を説明します

⑧ 糸ループをつける

ふたを閉じてみて、ボタンの位置を決めます

⑨ ボタンをつける
＊次ページ参照

★糸ループの作り方

① 糸をしっかりぬいとめかぎ針に変えて編み始める

② ボタンの直径×2の長さの鎖編みをする

③ 糸を針に通しぬいとめる

なるほどMEMO　糸ループって何？

糸で作った輪のこと。ボタン穴や、スカートの表地と裏地のつなぎなどに使われます。かぎ針で作る方法のほか、芯糸にボタンホールステッチ（90ページ参照）をする方法や、指で鎖編みをして作る方法があります。

＊芯糸にボタンホールステッチをして作る方法

＊指で鎖編みをして作る方法

PART 2 マイはし袋

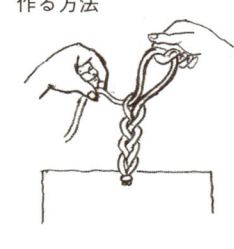

なるほどMEMO いろいろなボタンのつけ方

●穴ボタンのつけ方

① 表から布を1回すくい、ボタンに糸を通す

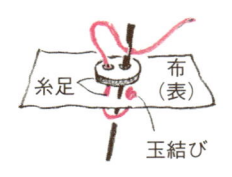

② 糸足分のゆとりをもたせて2回ぬう

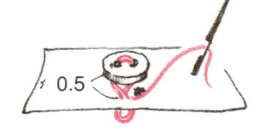

③ あいているほうの手でボタンを引っぱるようにして、糸足にボタン側から布側へ、すき間なく糸を巻く

④ 最後の輪に針（糸）をくぐらせる

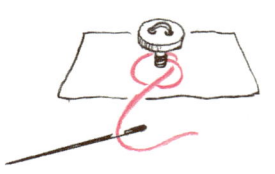

⑤ 針（糸）を布裏に通して玉止め

⑥ 表に糸を出して糸を切る

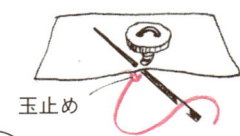

四つ穴ボタンの糸のかけ方はお好みで

●足つきボタンのつけ方

① 2本どりの糸をボタン穴に通し、2本の糸の間に通す

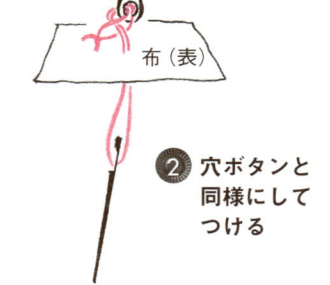

② 穴ボタンと同様にしてつける

③ 糸足に2〜3回糸を巻き、最後の輪に針（糸）を通し布裏で玉止め

●くるみスナップの作り方

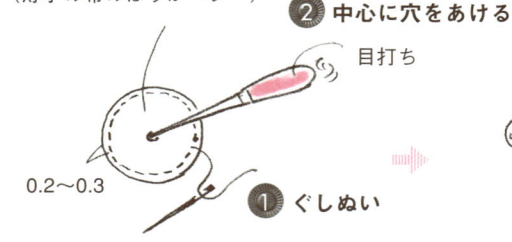

スナップの直径＋1cmの丸い布
（薄手の布のほうがベター）

② 中心に穴をあける　目打ち

① ぐしぬい　0.2〜0.3

③ スナップの凸部分を穴から出し、ぐしぬいの糸を引いて縮める

★凹スナップも同様に作る

スナップと布の色味をそろえたいときに、同系色の布でスナップをくるむひと手間のアイデアです

なるほどMEMO 「くるみボタン」は自分で作れる

キットを使う場合 → とても簡単！
ボタン芯だけ使う場合

●キットを使う場合

裏側

ボタン型　裏の止め具

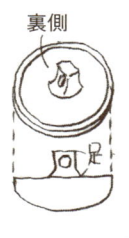

ボタン型の直径×2の丸い布　0.2

ぐしぬい

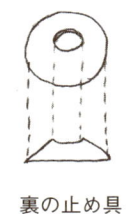

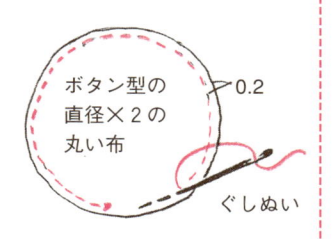

布（表）

ボタン型をくるんで糸を絞り、玉止め

止め具をはめ込む

●ボタン芯だけを使う場合

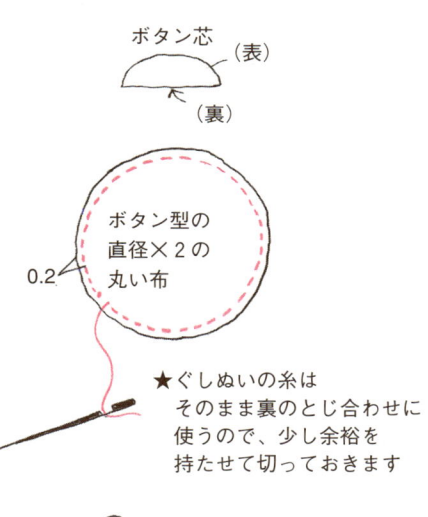

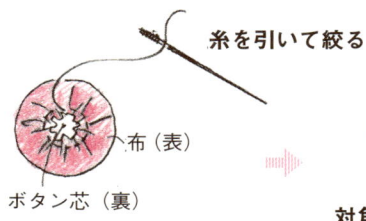

ボタン芯（表）（裏）

ボタン型の直径×2の丸い布　0.2

★ぐしぬいの糸はそのまま裏のとじ合わせに使うので、少し余裕を持たせて切っておきます

糸を引いて絞る

布（表）
ボタン芯（裏）

対角線に糸を渡し、とじ合わせる

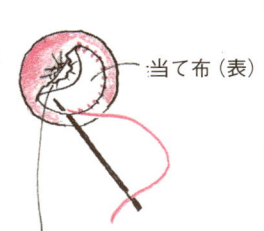

当て布（表）

当て布のまわりを折り込み、たてまつり

当て布の中心をすくい、糸足をつけてぬう

つくるのちょっとめんどうと思ってる人、手芸店へ布を持参してつくってもらうという手もあります

手芸品店

キッチンミトン

ITEM 17

キッチンの必需品も、キルティング地を使えば手ぬいで完成。指先のカーブや指のつけ根のV字部分はきれいな仕上がりのカギになるので、慎重に。

はじめる前に

●用意する材料
- 表布［麻キルティング地］45×30cm
- 裏布［綿プリント地］45×30cm
- 縁取り布 幅5×40cm
  ※好みの布をはいで作っておく
- アップリケ用布適宜
- 綾テープ 幅2×14cm
- 手ぬい糸（本ぬい用）
- 5番刺しゅう糸（ステッチ用）

型紙は P.110

●仕上がりサイズ
- フリーサイズ

●裁ち方図
表布、裏布
1（ぬい代）
わ
前後布（各1枚）
縁取り位置
45cm × 30cm

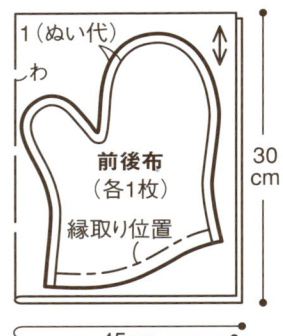

●手順ガイド

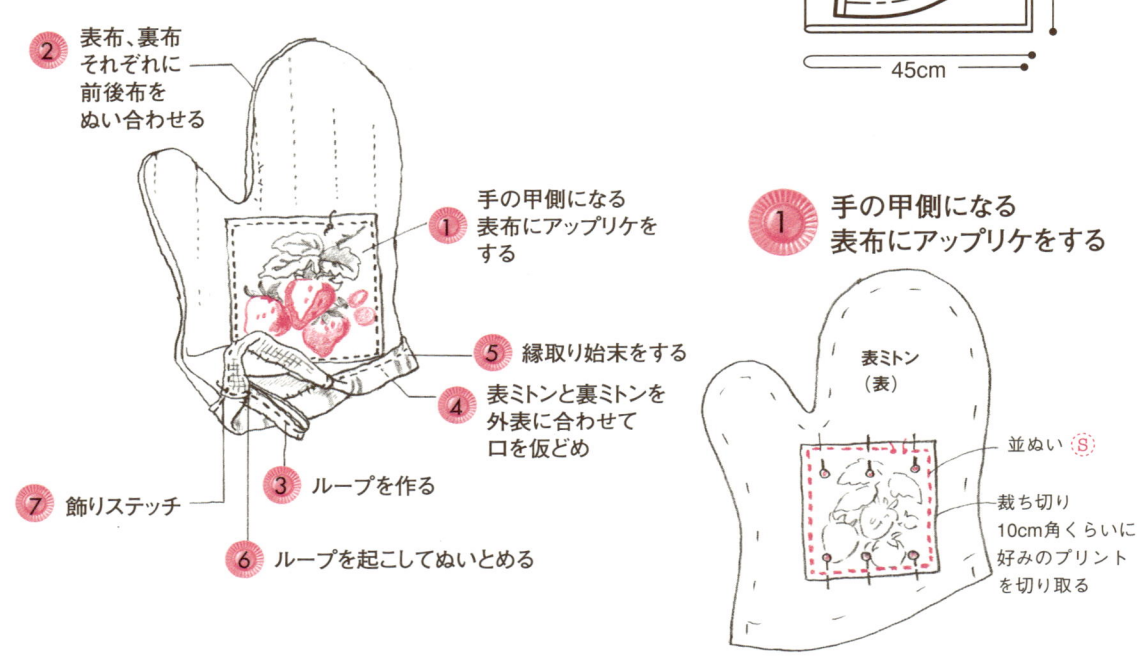

1. 手の甲側になる表布にアップリケをする
2. 表布、裏布それぞれに前後布をぬい合わせる
3. ループを作る
4. 表ミトンと裏ミトンを外表に合わせて口を仮どめ
5. 縁取り始末をする
6. ループを起こしてぬいとめる
7. 飾りステッチ

1 手の甲側になる表布にアップリケをする

表ミトン（表）
並ぬい S
裁ち切り 10cm角くらいに好みのプリントを切り取る

2 表布、裏布それぞれに前後布をぬい合わせる

表ミトン（裏）
1 半返しぬい
2 約1cm間隔の切り込みを入れる
表ミトン（表）

裏ミトン（裏）
裏ミトンも同様に

カーブのぬい代はつれないようにも切り込みを。ぬい糸をきらないように注意。

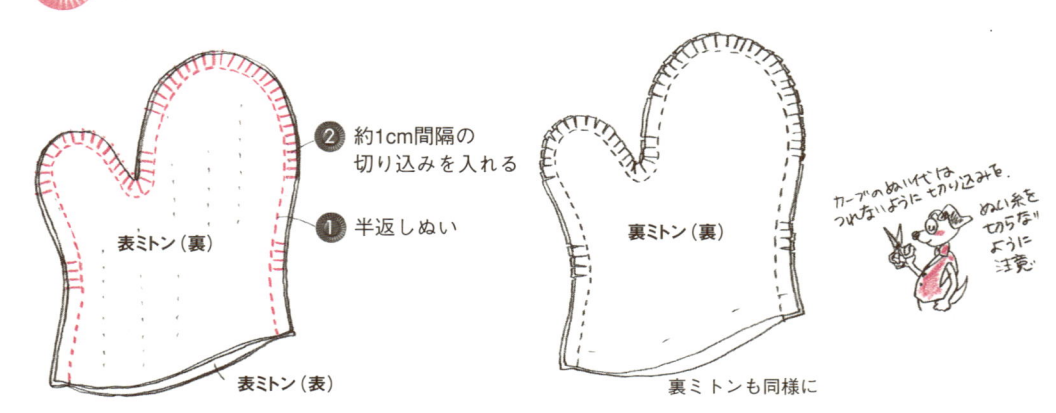

③ ループを作る

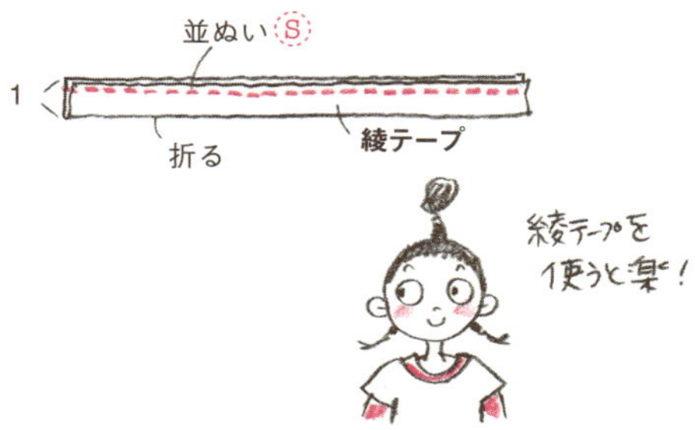

並ぬい ⑤
折る　綾テープ

綾テープを使うと楽！

④ 表ミトンと裏ミトンを外表に合わせて口を仮どめ

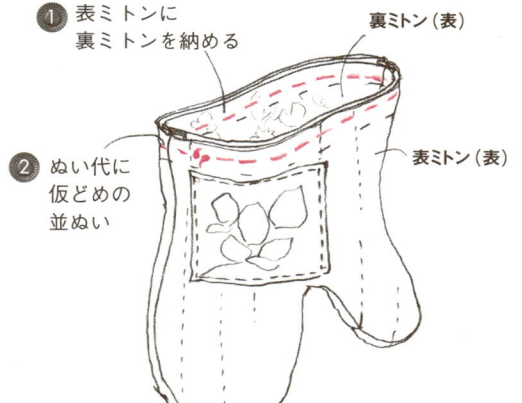

① 表ミトンに裏ミトンを納める
② ぬい代に仮どめの並ぬい

裏ミトン（表）
表ミトン（表）

⑤ 口の縁取り始末をする

① 縁取り布を用意する

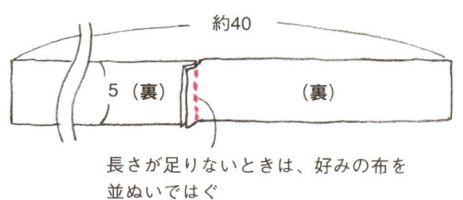

約40
5（裏）　（裏）

長さが足りないときは、好みの布を並ぬいではぐ

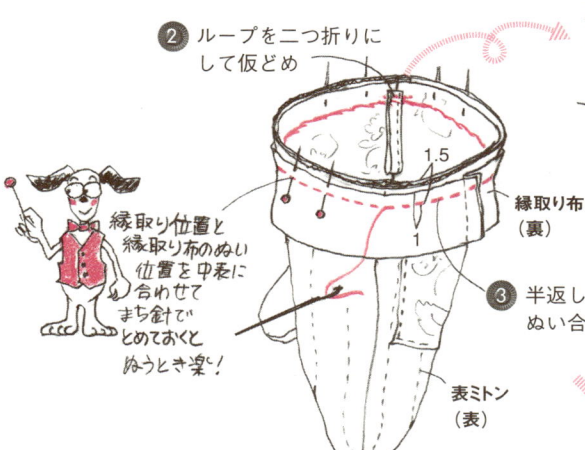

② ループを二つ折りにして仮どめ

1.5
1

縁取り位置と縁取り布のぬい位置を中表に合わせてまち針でとめておくとぬうとき楽！

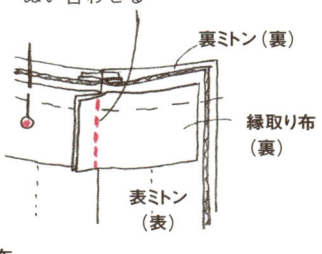

③ 半返しぬいでぬい合わせる

表ミトン（表）
縁取り布（裏）

④ 縁取り布の両端を並ぬいでぬい合わせる

裏ミトン（裏）
縁取り布（裏）
表ミトン（表）

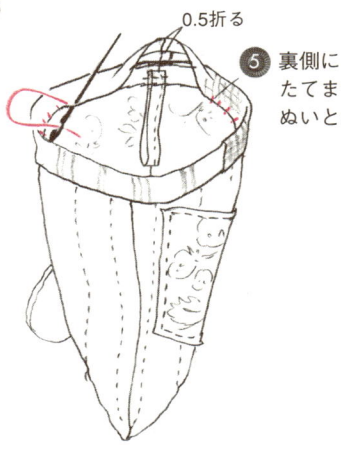

⑤ 裏側にたてまつりでぬいとめる

0.5折る

⑥ ループを起こしてぬいとめる

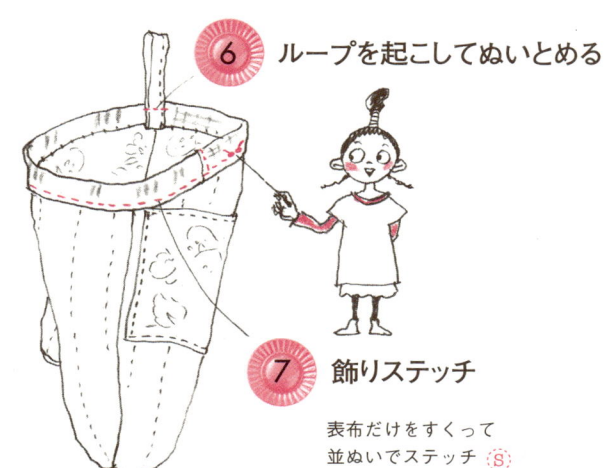

⑦ 飾りステッチ

表布だけをすくって並ぬいでステッチ ⑤

PART 2 キッチンミトン

ITEM 18 ブックカバー

好みの布をはぎ合わせてつくる、文庫サイズのオリジナルブックカバー。しおりにするテープも、好みの色や素材をぜひ吟味して。

はじめる前に

用意する材料
- 表布A［綿花プリント地］16×45cm
- 表布B（配色用）［綿プリント］10×45cm
- 裏布［綿水玉プリント地］20×45cm
- 布テープ（おさえ用）幅1.5×19cm
- 布テープ［ジャバラテープ］幅8mm×45cm（表布飾り用）、幅8mm×20cm（しおり用）
- 薄手接着芯 45×20cm
- 手ぬい糸（本ぬい用）
- 5番刺しゅう糸（ステッチ用）

仕上がりサイズ
- 文庫サイズ

●製図

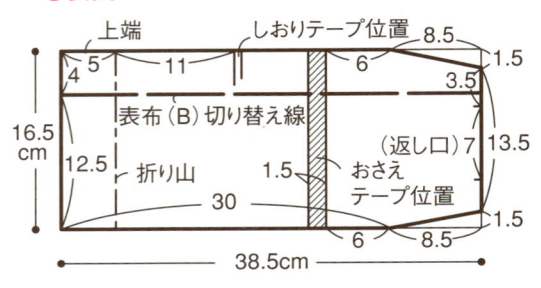

上端／しおりテープ位置 8.5／1.5／4／5／11／6／3.5／16.5cm／表布(B)切り替え線／(返し口) 7／13.5／12.5／折り山／1.5／おさえテープ位置／30／6／8.5／1.5／38.5cm

●裁ち方図

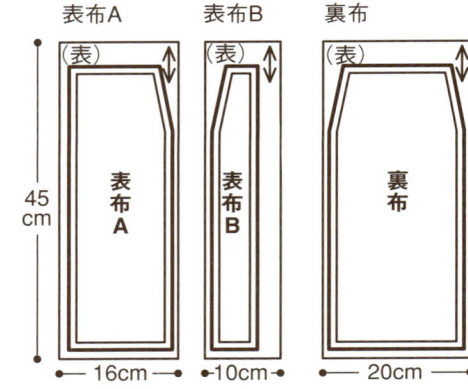

表布A （表） 45cm ／16cm
表布B （表） ／10cm
裏布 （表） ／20cm

*ぬい代は1cm

●手順ガイド

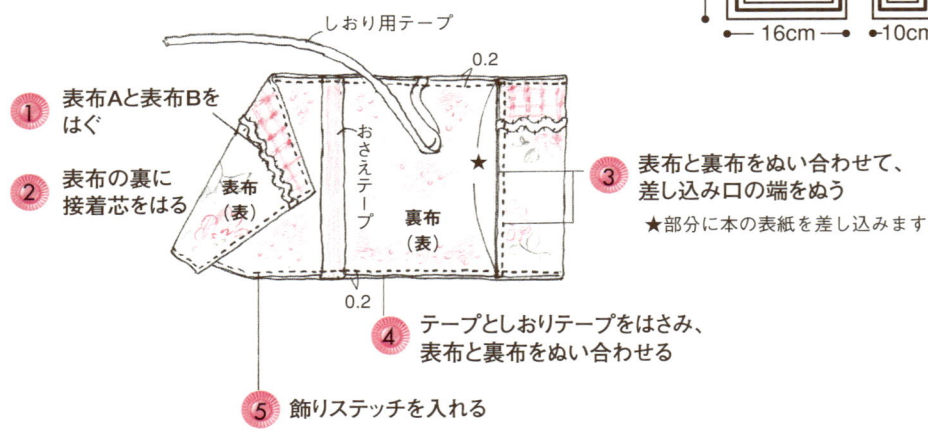

1. 表布Aと表布Bをはぐ
2. 表布の裏に接着芯をはる
3. 表布と裏布をぬい合わせて、差し込み口の端をぬう
   ★部分に本の表紙を差し込みます
4. テープとしおりテープをはさみ、表布と裏布をぬい合わせる
5. 飾りステッチを入れる

しおり用テープ／0.2／表布（表）／おさえテープ／裏布（表）／0.2

1　表布Aと表布Bをはぐ

① 半返しぬいで表布Aと表布Bをはぐ

② はぎ目の上にジャバラテープをのせ、たてまつりでとめる

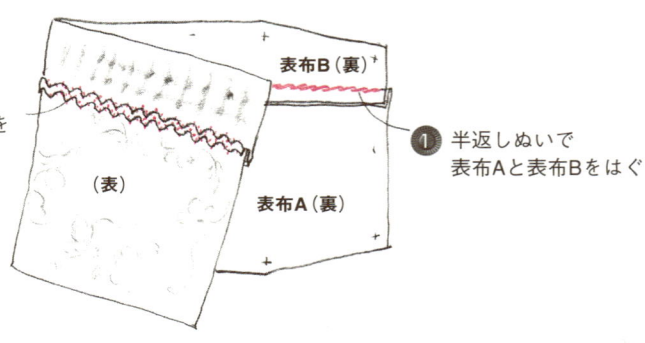

表布B（裏）／表布A（裏）／（表）

② 表布の裏に接着芯をはる
＊下図参照

- 裏布（表）
- 表布（表）

③ 表布と裏布をぬい合わせて、差し込み口の端をぬう

0.2

表布（表）

② 並ぬいで飾りステッチ Ⓢ

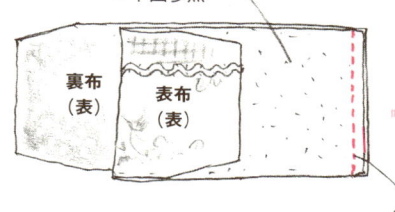

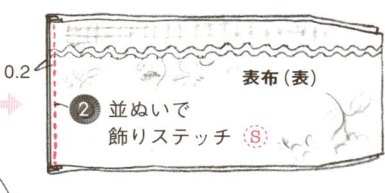

① 表布と裏布を中表に合わせて、並ぬいでぬう

④ テープとしおりテープをはさみ、表布と裏布をぬい合わせる

② しおりとおさえのテープをぬい代に仮どめ

③ 半返しぬいでまわりをぬう

① 差し込み口の端を内側へ折り込む

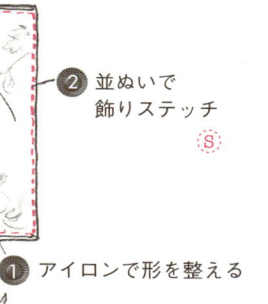

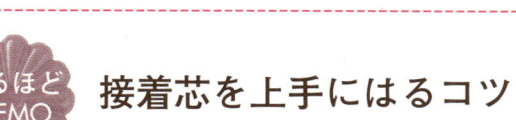

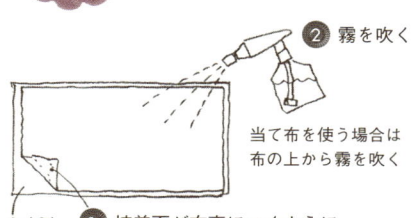

裏布（裏）

7 ぬい残す

④ 表に返す

5

5

⑤ 飾りステッチを入れる

裏布（表）

ぬい代を折り込む

② 並ぬいで飾りステッチ Ⓢ

① アイロンで形を整える

ここに本のソデがえります

なるほどMEMO　接着芯を上手にはるコツ

① 接着面が布裏につくように接着芯をのせる

布（裏）

② 霧を吹く

当て布を使う場合は布の上から霧を吹く

イチ、ニー、サン、シー……
アイロンの移動は、すべらせず、すき間をあけず、半分ぐらい重ねて。1ヵ所10秒ぐらいが目安。

③ 溶けた接着剤がアイロンにつかないように当て紙か当て布をのせて、アイロンをかける

☆ アイロンはドライに設定
（スチームアイロンにすると温度が高くなりすぎる）

アイロンの温度	素材
150°〜160°C	厚地
140°〜150°C	中肉、薄地
130°Cぐらい	極薄地、熱に弱い

アイロン高、中、低温と表示されている場合が多いので、使用するアイロンの説明書をチェックしてください

ペンケース

ITEM 19

たっぷりマチをつけたので、収納力にも大満足のペンケース。負荷がかかるファスナーは、星止めでしっかりぬいつけます。

はじめる前に

用意する材料
- 表布［綿ストライプ地］30×30cm
- 裏布［綿花柄プリント］30×30cm
- ファスナー 長さ20cmを1本
- アップリケ用フェルト少々
- ボタン（アップリケ用）直径8mmを2個、直径13mmを1個
- 手ぬい糸（本ぬい用）
- 5番刺しゅう糸（ステッチ用）

仕上がり寸法
- タテ×ヨコ×マチ　6×21×6cm

型紙はP.110

●裁ち方図

表布　表ペンケース（2枚）　30×30cm　わ

裏布　裏ペンケース（1枚）　30×30cm　わ

*ぬい代は1cm

●手順ガイド

1. 表布にアップリケをする
2. 表布にファスナーをつける
3. 表布の脇をぬう
4. 表布の底中心をぬう
5. 表布のマチをぬう
6. 裏布の脇とマチをぬう
7. 表ペンケース、裏ペンケースをぬい合わせる

1　表布にアップリケをする

細かく規則的なたてまつりでなく
ロング&ショート まつりで アップリケ！

表布（表）
接着剤でかるくはっておくと、あとの始末が楽！
印をつける

2　表布にファスナーをつける

こちら側も同様につける

「星止め」でつける
0.5〜0.6
0.1ぐらい
表布（表）
ファスナー

1. しつけ
2. 星止め

ファスナー（表）

ファスナーテープは端を折り、つけ止まりに合わせる

ファスナーつけ止まり
ファスナーつけ止まり
表布（表）

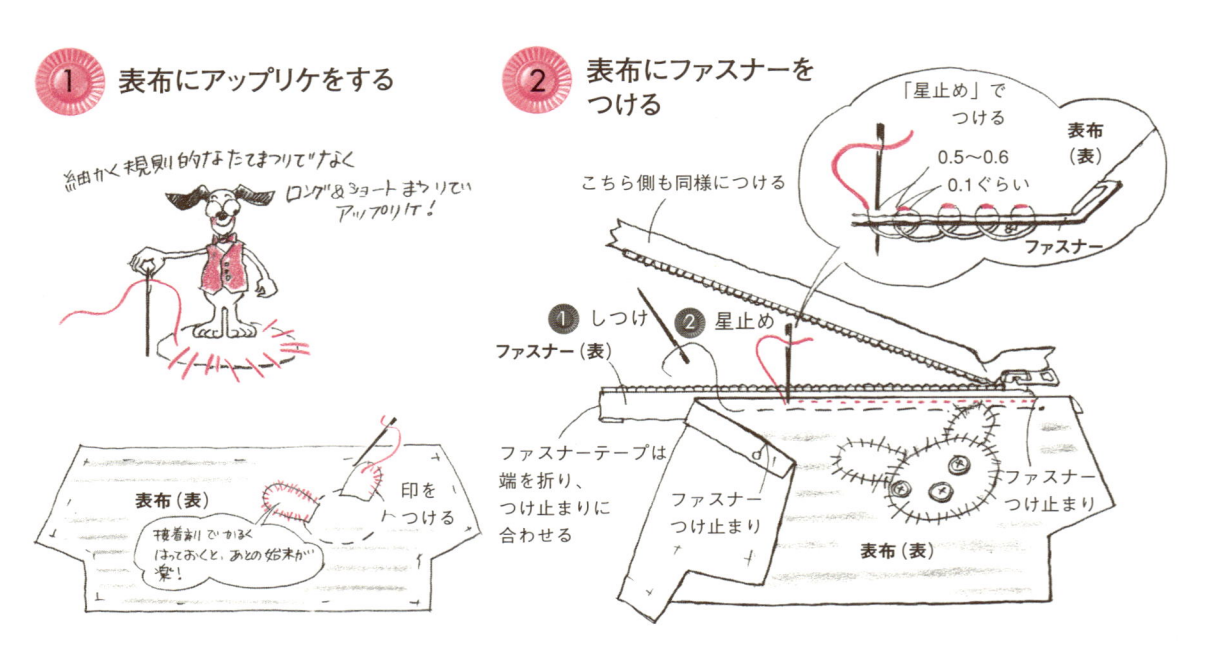

③ 表布の脇をぬう

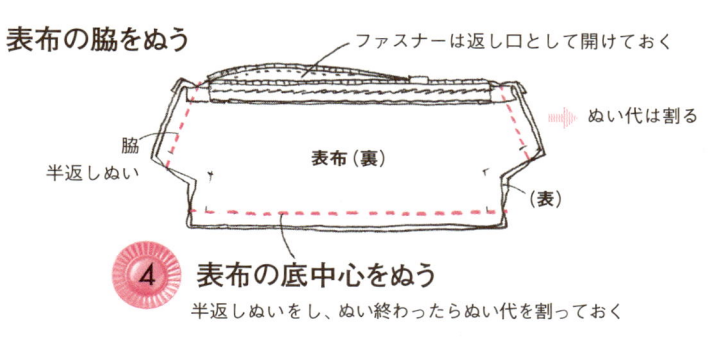

ファスナーは返し口として開けておく

ぬい代は割る

脇
半返しぬい

表布（裏）

（表）

④ 表布の底中心をぬう

半返しぬいをし、ぬい終わったらぬい代を割っておく

⑤ 表布のマチをぬう

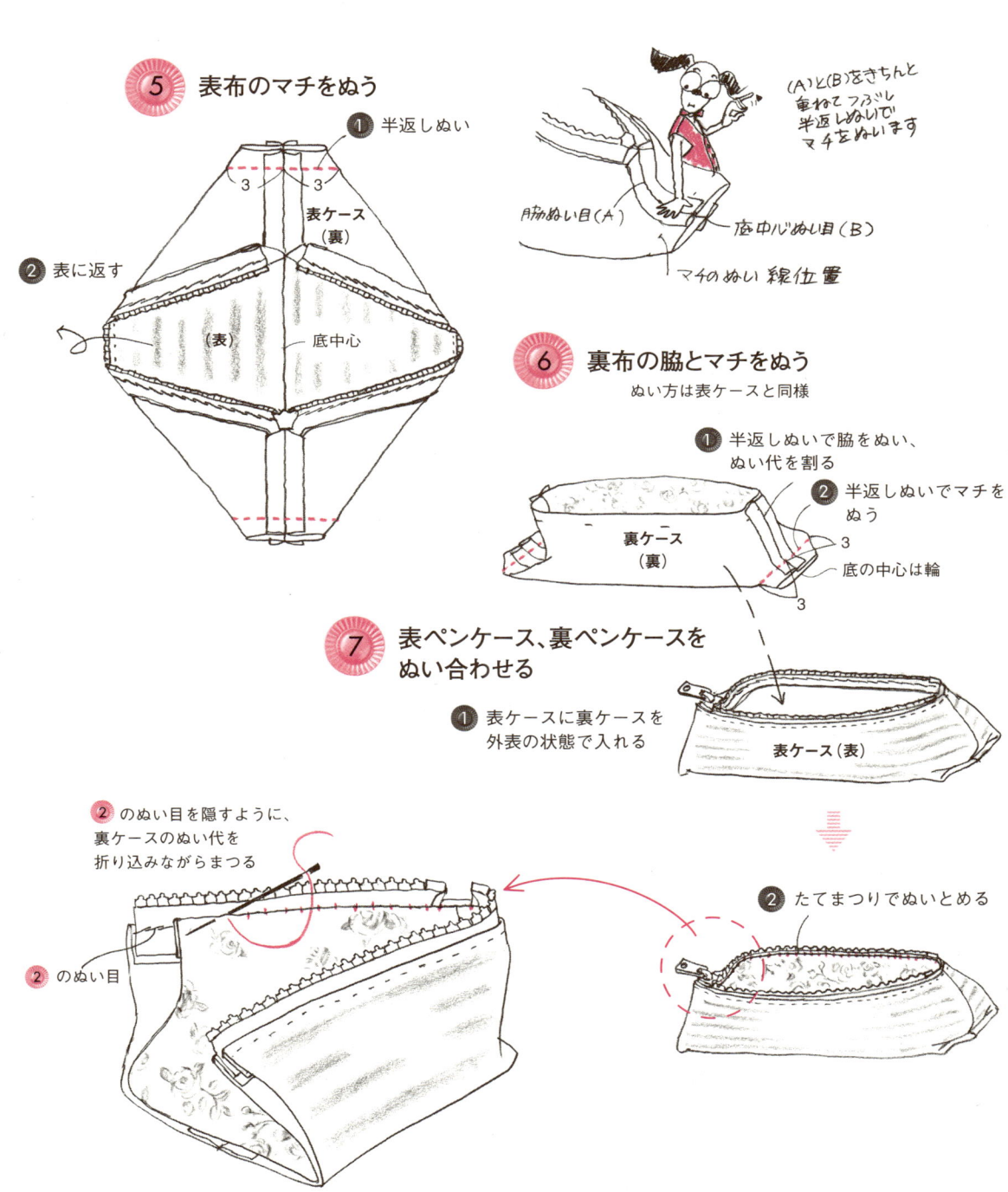

❶ 半返しぬい

表ケース（裏）

❷ 表に返す

（表）

底中心

(A)と(B)をきちんと
重ねてつぶし
半返しぬいで
マチをぬいます

脇ぬい目(A)
底中心ぬい目(B)
マチのぬい線位置

⑥ 裏布の脇とマチをぬう

ぬい方は表ケースと同様

❶ 半返しぬいで脇をぬい、ぬい代を割る

❷ 半返しぬいでマチをぬう

裏ケース（裏）

底の中心は輪

⑦ 表ペンケース、裏ペンケースをぬい合わせる

❶ 表ケースに裏ケースを外表の状態で入れる

表ケース（表）

❷ たてまつりでぬいとめる

❷ のぬい目を隠すように、裏ケースのぬい代を折り込みながらまつる

❷ のぬい目

PART 2 ペンケース

なるほどMEMO ファスナー選びのちょっとしたコツ

● ファスナーの基本

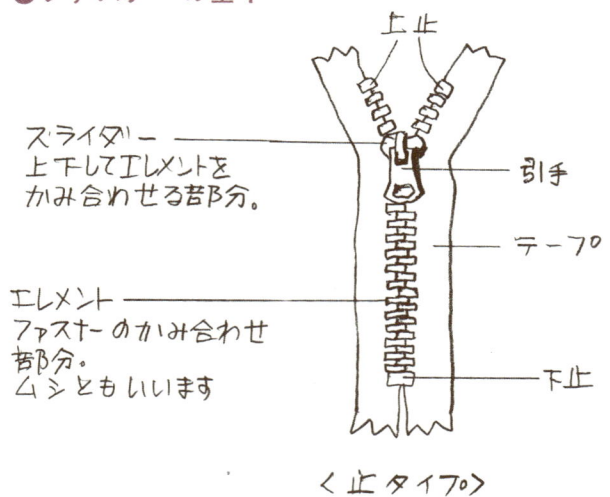

- 上止
- スライダー — 上下してエレメントをかみ合わせる部分。
- 引手
- テープ
- エレメント — ファスナーのかみ合わせ部分。ムシともいいます
- 下止

〈止タイプ〉

左右に別れるタイプはオープンファスナーと呼びます

● ファスナーの種類と特徴

☆ 金属製
エレメントが金属製のファスナー。樹脂製にくらべて重く、エレメントがとがっているので少々注意が必要。厚手の布やシャープな雰囲気作りに。

☆ 樹脂製（コイルタイプ）
エレメントがコイル状なのでなめらかでやわらかい。最も用途の広いオールマイティタイプ。

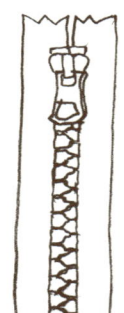

☆ 樹脂製（成形タイプ）
樹脂を成型した、大きめのエレメントが特徴。丈夫なのでひんぱんに開閉する場所向き。

テープの素材も綿、ナイロン、ニットなどいろいろあるので布に合わせて選びましょう

表からエレメントが見えない「コンシールファスナー」は、ワンピースの後ろあきなどに使う特別なファスナーなので間違えて買わないよう注意！

ITEM 20 ブック型ミニポーチ

左右に開くと内側が2層のポケットになった小物入れ。携帯用のソーイングケースにしたり、メイク小物入れにしたり、何を入れるかを考えるのも楽しいケース。

はじめる前に

●用意する材料
- 表布［綿プリント地］40×30cm
  ※幅4.5×70cmのバイアス布も表布から取ります
- 裏布［グリーンフェルト］22×17cm
- ポケット布①［からし色フェルト］22×13cm
- ポケット布②［ブルーフェルト］22×9cm
- 布（リボン用）10×25cm
- 手ぬい糸（本ぬい用）
- 5番刺しゅう糸（ステッチ用）

仕上がり寸法
- タテ×ヨコ（開いた状態）14.5×20cm

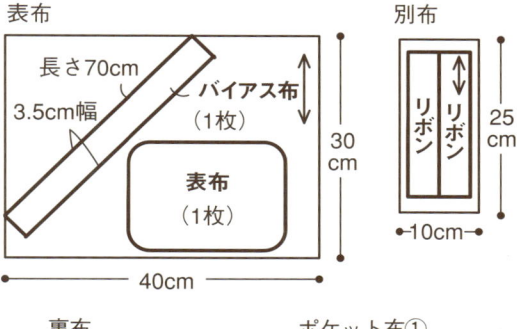

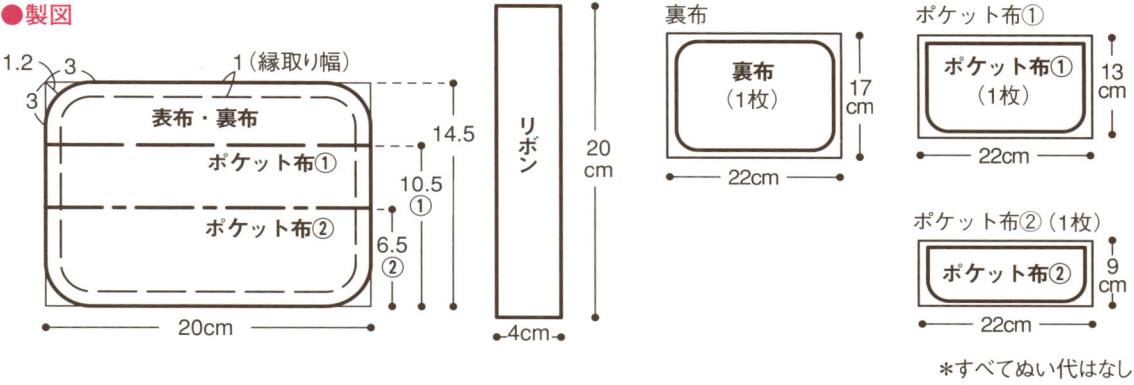

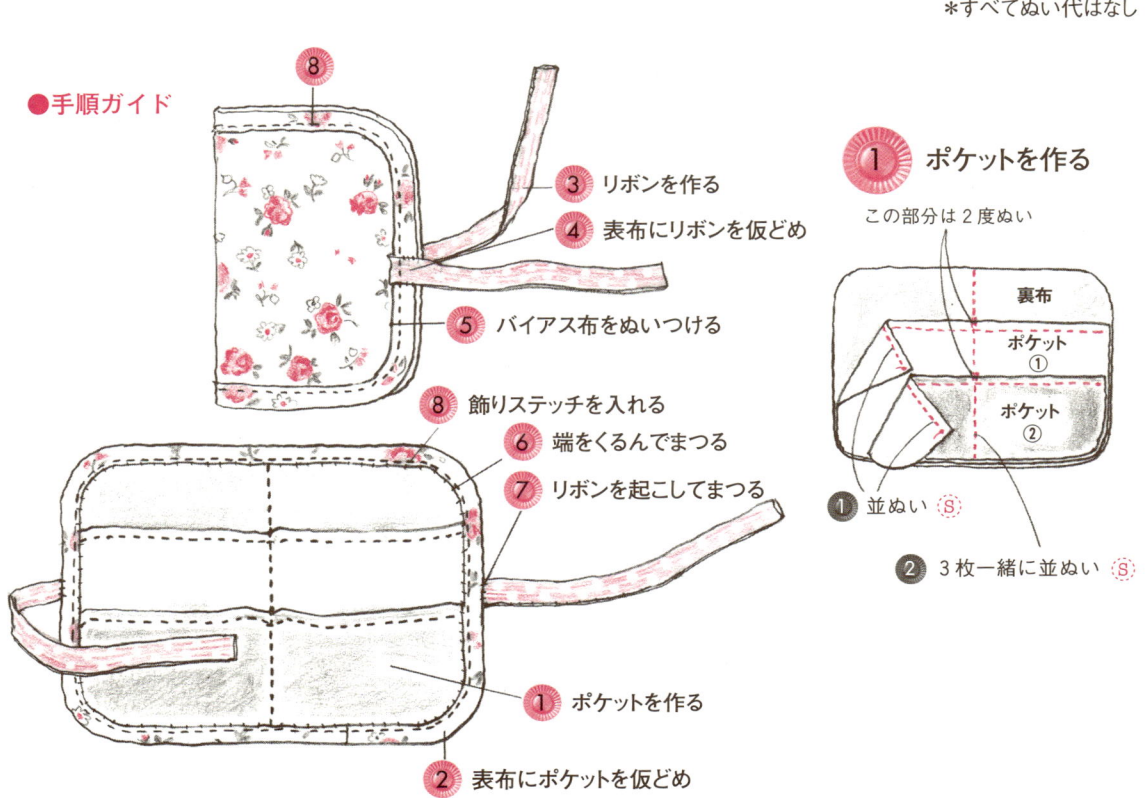

●製図

1.2 / 3 / 1（縁取り幅）
表布・裏布
ポケット布①
ポケット布②
14.5　10.5 ①　6.5 ②
20cm
リボン 20cm × 4cm

●裁ち方図

表布
バイアス布 長さ70cm 3.5cm幅（1枚）
表布（1枚）
30cm × 40cm

別布
リボン / リボン
25cm × 10cm

裏布（1枚）22cm×17cm
ポケット布①（1枚）22cm×13cm
ポケット布②（1枚）22cm×9cm

＊すべてぬい代はなし

●手順ガイド

- 3 リボンを作る
- 4 表布にリボンを仮どめ
- 5 バイアス布をぬいつける
- 8 飾りステッチを入れる
- 6 端をくるんでまつる
- 7 リボンを起こしてまつる
- 1 ポケットを作る
- 2 表布にポケットを仮どめ

1 ポケットを作る

この部分は2度ぬい

裏布 / ポケット① / ポケット②

① 並ぬい Ⓢ
② 3枚一緒に並ぬい Ⓢ

2 表布とポケットを外表に合わせて仮どめ

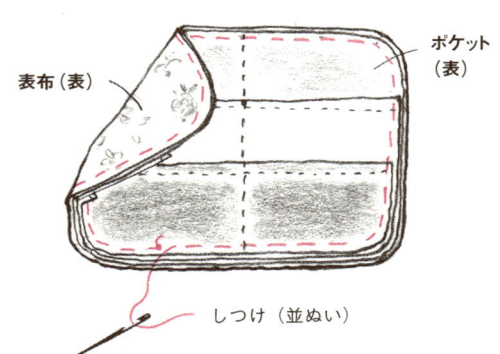

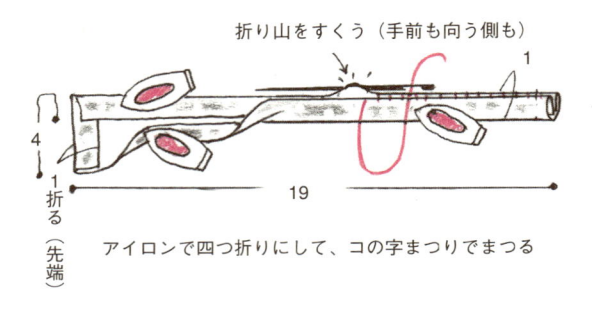

- 表布（表）
- ポケット（表）
- しつけ（並ぬい）

3 リボンを作る

- 折り山をすくう（手前も向う側も）
- 4
- 1折る（先端）
- 19

アイロンで四つ折りにして、コの字まつりでまつる

4 表布にリボンを仮どめ

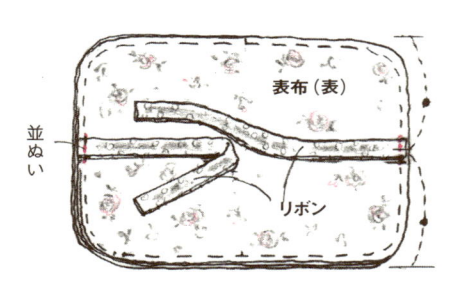

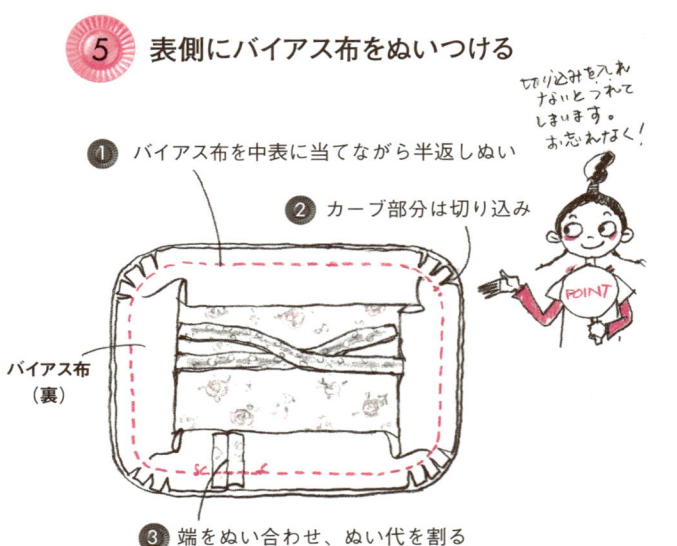

- 表布（表）
- 並ぬい
- リボン

5 表側にバイアス布をぬいつける

① バイアス布を中表に当てながら半返しぬい
② カーブ部分は切り込み
③ 端をぬい合わせ、ぬい代を割る
- バイアス布（裏）

切り込みを入れないとつれてしまいます。お忘れなく！

★バイアス布のはぎ合わせ方

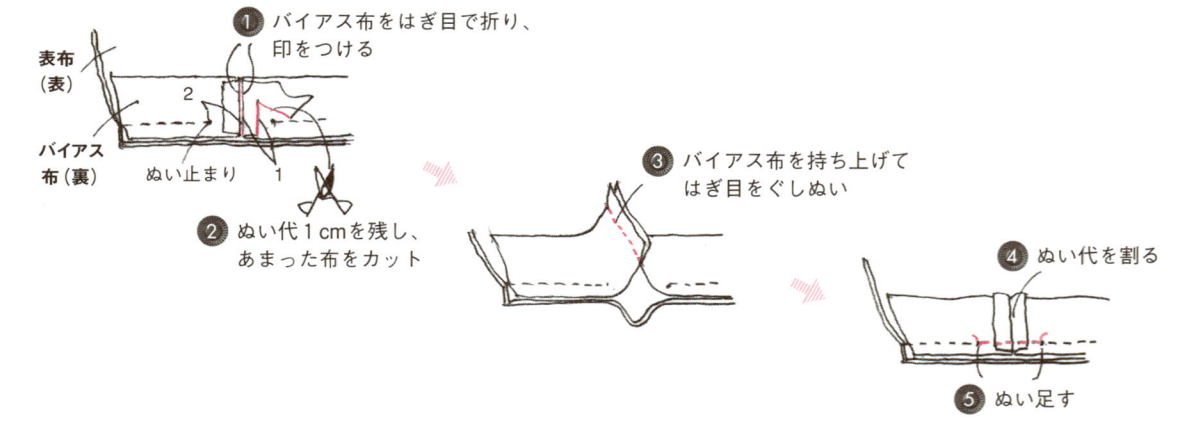

- 表布（表）
- バイアス布（裏）
- ぬい止まり

① バイアス布をはぎ目で折り、印をつける
② ぬい代1cmを残し、あまった布をカット
③ バイアス布を持ち上げてはぎ目をぐしぬい
④ ぬい代を割る
⑤ ぬい足す

PART2 ブック型ミニポーチ

86

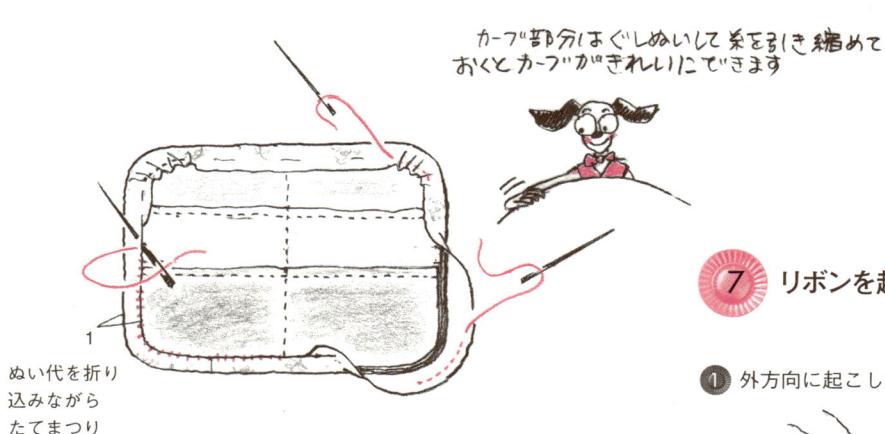

6 バイアス布をポケット側に倒し（縁をくるみ）
たてまつりでまつる

カーブ部分はぐしぬいして糸を引き縮めておくとカーブがきれいにできます

ぬい代を折り込みながらたてまつり

7 リボンを起こしてまつる

① 外方向に起こしてたてまつり

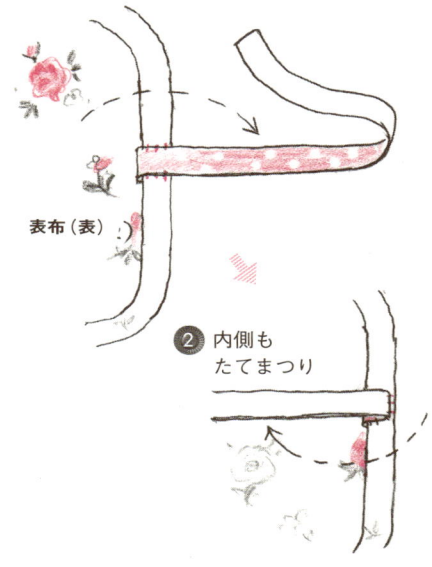

表布（表）

② 内側もたてまつり

8 周囲に飾りステッチを入れる

並ぬい Ⓢ

表布（表）

なるほどMEMO　分厚い布をぬうときは

木づちでたたく

布に合わせた太めの針、糸を使う

下には板などかたい物を置く

フェルトのように針が通りやすい布なら たたく必要はありませんが デニムなど丈夫な厚手の綿布などを重ねるときは、たたいて薄くするとぬいやすくなります。
（布を傷つけないように注意して）

ITEM 21 キッチンクロスのエプロン

手ぬいで大物をつくるのはちょっと大変そうですが、既製品のキッチンクロスを活用すれば、スイスイ完成。ポケットやベルトもつけて、使い勝手も◎。

はじめる前に

用意する材料
- キッチンクロス 39×52cmを2枚
- ポケット用布［綿プリント］35×30cmを2枚
- リネンテープ（ベルト用）幅3×70cmを2本
- リネンテープ（ひも通し裏打ち用）幅2×6.5cm
- 手ぬい糸（本ぬい用）
- 5番刺しゅう糸（ステッチ用）

仕上がり寸法
- タテ×ヨコ　39×102cm（フリーサイズ）

●裁ち方図　＊クロスはそのまま

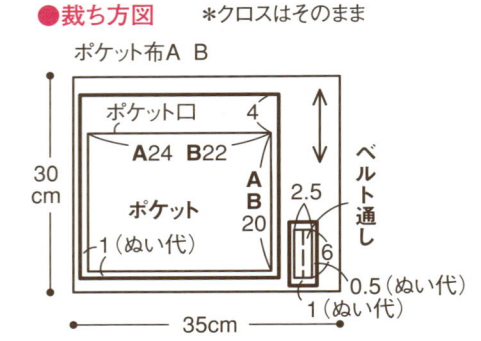

ポケット布A B
ポケット口
A24 B22
30cm
ポケット
A B 20
1（ぬい代）
35cm
ベルト通し
2.5
6
0.5（ぬい代）
1（ぬい代）

●寸法

52cm
2.5　0.5　12　0.5
15　3.5　13　6　1.3
39cm
ベルト通し穴（ボタンホールステッチ）
ポケットA　ポケットB
20
0.2
キッチンクロス　キッチンクロス
24　22
1並ぬい　たてまつり
1.2重ねる
リネンテープ　リネンテープ 長さ70cm（できあがり寸64cm）
1三つ折り
3

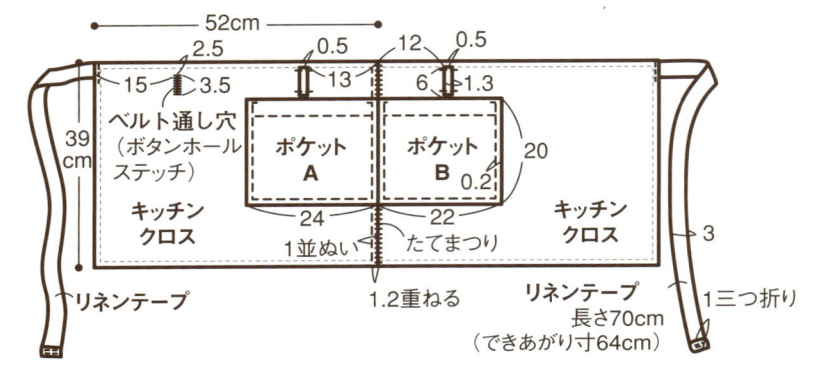

●手順ガイド

1. キッチンクロスを前中心ではぎ合わせる
2. ひもをつける
3. ポケットを作ってつける
4. ベルト通しを作ってつける
5. ベルト通し穴を作る

1. キッチンクロス2枚を前中心ではぎ合わせる

1.2重ねる（前中心）
1
キッチンクロス（表）
① 並ぬい
キッチンクロス（表）
② ぬい糸でたてまつり
キッチンクロスの端　エプロンすそ

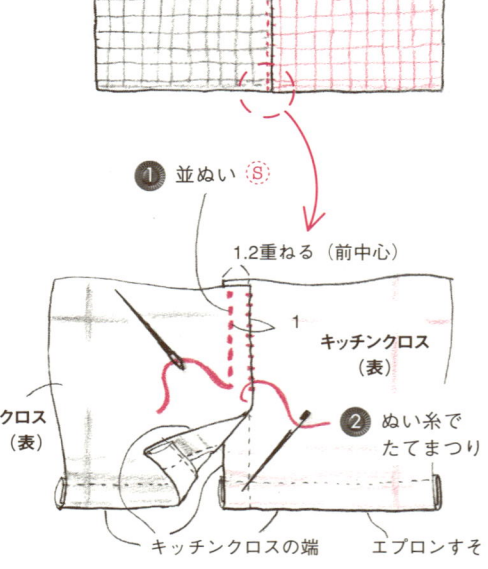

❷ ひもをつける

① 三つ折りにして並ぬい Ⓢ
② 二つ折りにしてまち針でとめる
③ 5番刺しゅう糸で並ぬい

ひも（裏）
長さ70cmのリネンテープ
キッチンクロス（裏）

PART 2 キッチンクロスのエプロン

❸ ポケットを作ってつける

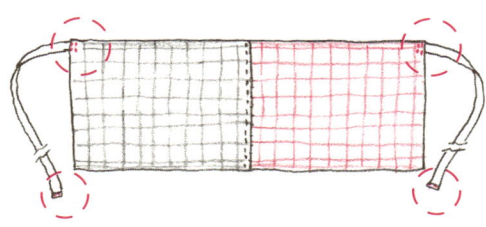

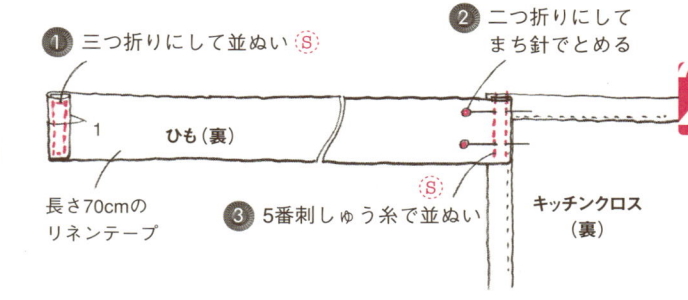

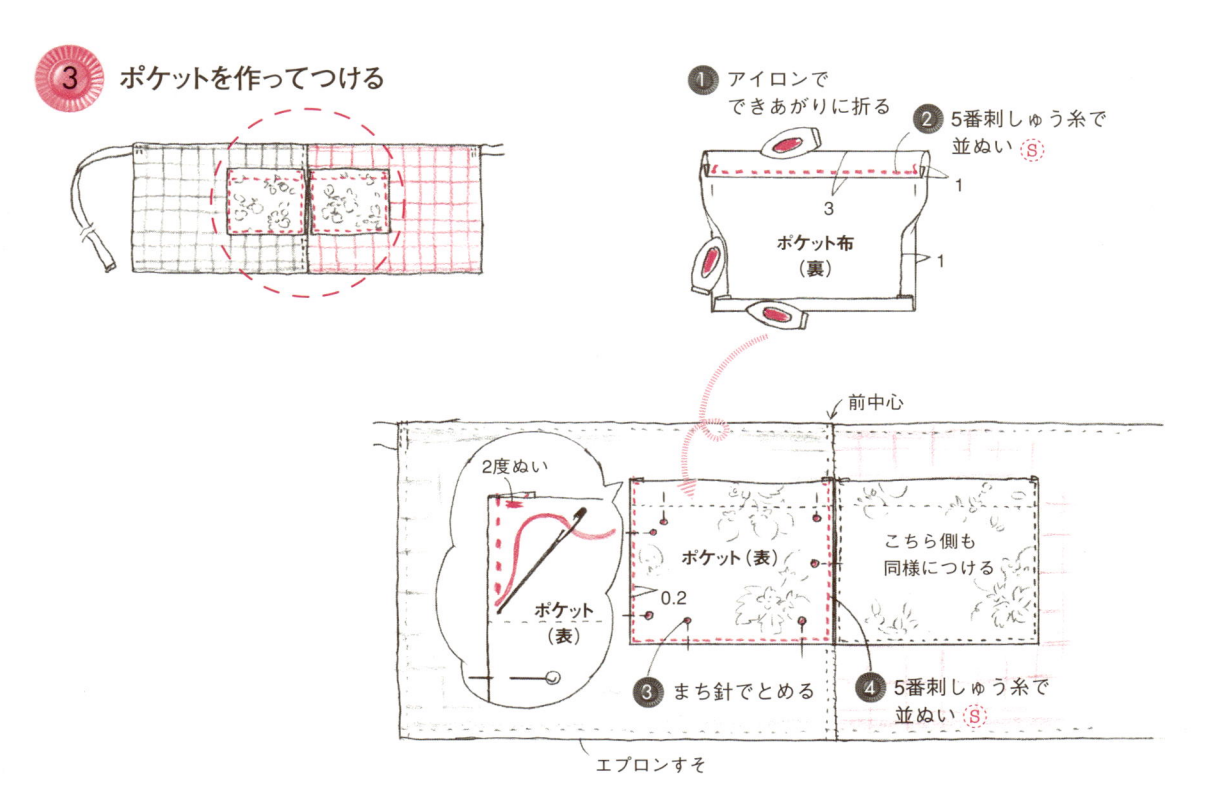

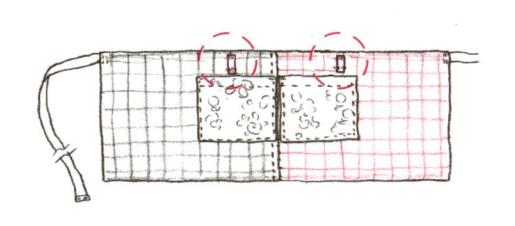

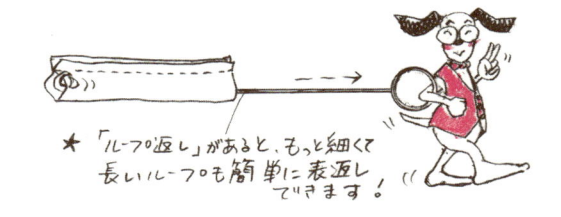

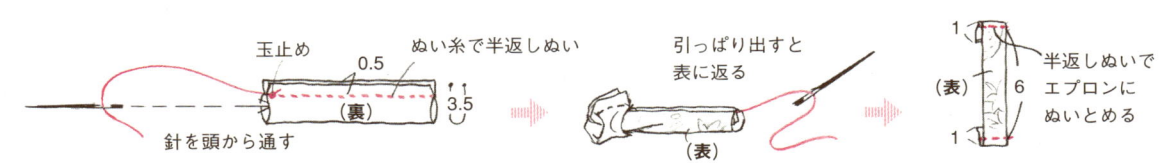

① アイロンでできあがりに折る
② 5番刺しゅう糸で並ぬい Ⓢ

ポケット布（裏）

前中心

2度ぬい
ポケット（表）
0.2
ポケット（表）
こちら側も同様につける

③ まち針でとめる
④ 5番刺しゅう糸で並ぬい Ⓢ

エプロンすそ

❹ ベルト通し（ループ）を作ってつける

★「ループ返し」があると、もっと細くて長いループも簡単に表返しできます！

玉止め　ぬい糸で半返しぬい
0.5
（裏）
3.5
針を頭から通す

引っぱり出すと表に返る

（表）

1
（表）
6
1
半返しぬいでエプロンにぬいとめる

⑤ ベルト通し穴を作る

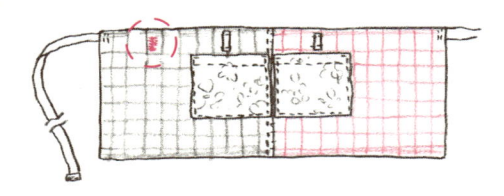

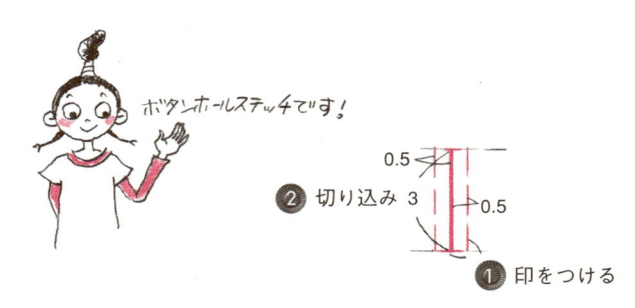

ボタンホールステッチです！

② 切り込み 3　0.5 / 0.5
① 印をつける

③ ボタンホールステッチをしていく

糸は5番刺しゅう糸　赤

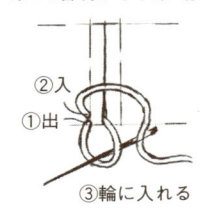

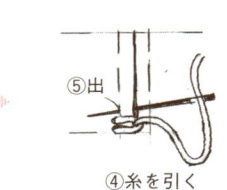

① 出
② 入
③ 輪に入れる

⑤ 出
④ 糸を引く

くり返して切り込みの周囲をかがる

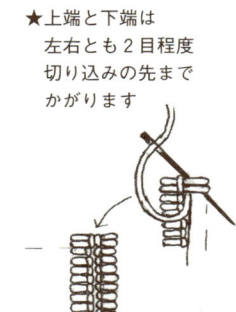

★ 上端と下端は左右とも2目程度切り込みの先までかがります

なるほどMEMO　ハトメ穴も手ぬいで作れる

ベルト通し穴のほかにも、手ぬいで作れる"穴"はあります。たとえば、ハトメ穴。よく帽子などについている糸でかがられた小さな穴のことです。作り方は、次の通り。

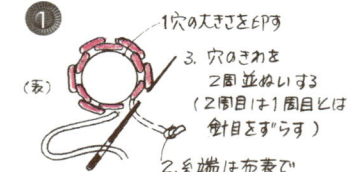

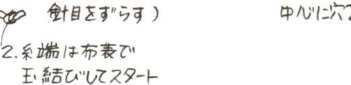

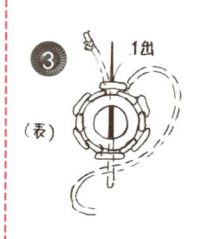

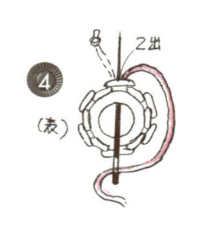

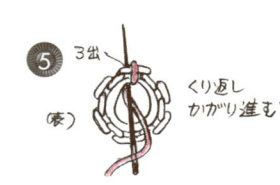

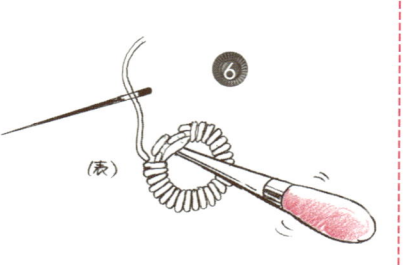

① (表)
- 1.穴の大きさを印す
- 3.穴のきわを2周並ぬいする（2周目は1周目とは針目をずらす）
- 2.糸端は布表で玉結びしてスタート

② (表) 目打ちなど　中心に穴をあける

③ (表) 1出

④ (表) 2出

⑤ (表) 3出　くり返しかがり進む

⑥ (表)

⑦ (裏) 刺し終わりは裏糸にくぐらせ糸端を切る

これは、刺しゅうの「アイレット・ホールステッチ」です。すき間なくかがるのがgood。途中で穴が小さくなったら目打ちで広げます。

ITEM 22 ルームシューズ

手ぬいレッスンの仕上げは、立体的な仕立てのルームシューズ。ちょっとハードルが高くても、既製品にはない軽くやわらかなはき心地は挑戦の価値ありです。

はじめる前に

用意する材料
- 表布［綿小花プリント地］40×35cm
- 内布［綿無地水色］75×40cm
  ※リボンもこの布から取ります
- 内底布［厚手フェルト］25×30cm
- 外底布［綿無地うす茶］30×30cm
- 接着ドミット芯 65×35cm
- 両面接着シート 30×30cm
- 手ぬい糸（本ぬい用）
- 5番刺しゅう糸（ステッチ用）

仕上がりサイズ
- Mサイズ程度（23〜24cm）

型紙は P.111 P.112

●裁ち方図

表布（綿小花プリント）
- 外甲（2枚）
- 35cm × 40cm

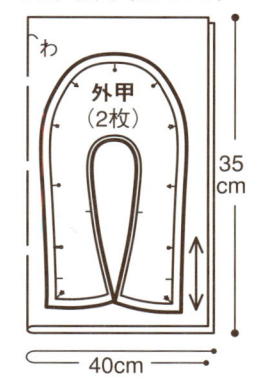

内布（綿無地青）
- 内底（2枚）
- 内甲（2枚）
- リボン 3×30cm
- 3×30cm
- 30
- 40cm × 75cm

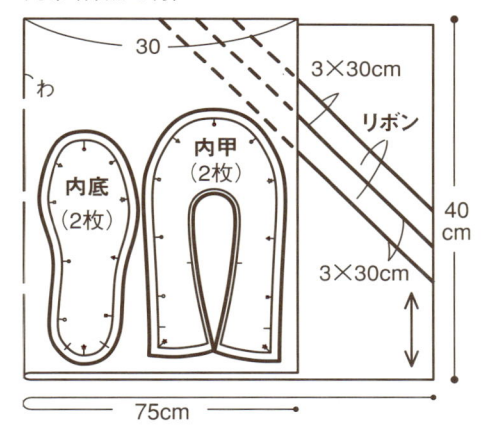

外底布（綿無地うす茶）
- 外底（2枚）
- 30cm × 30cm

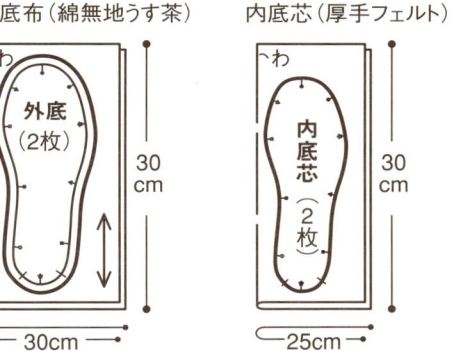

内底芯（厚手フェルト）
- 内底芯（2枚）
- 30cm × 25cm

●手順ガイド

1. 表布と外底布の裏にドミット芯をはる
2. 布を裁つ
3. 内底と内底芯をぬい合わせる
4. 外甲、内甲の後ろ中心をぬう
5. 外甲、内甲を合わせ、はき口をぬう
6. つま先をいせ込み、丸みを出す
7. 外底と甲をぬい合わせる
8. 内底をつける
9. リボンを作ってつける

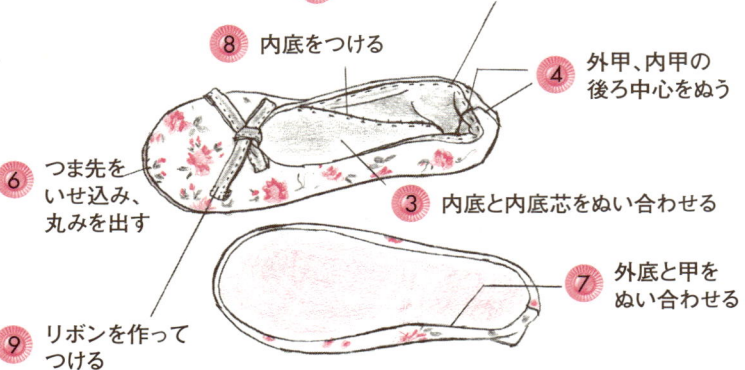

裁った布には右、左を明記しておきましょう！

右と右だ！

1. 表布と外底布の裏にドミット芯をはる

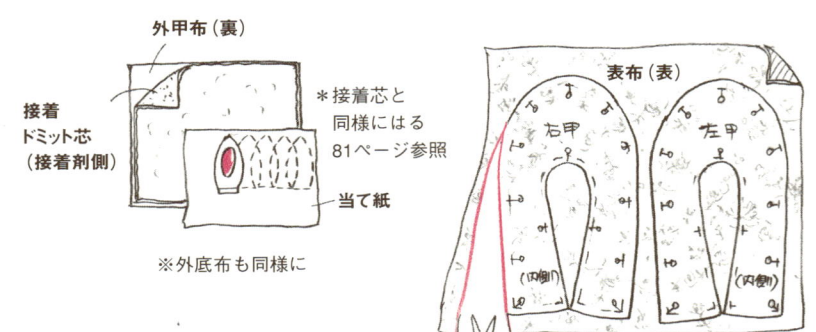

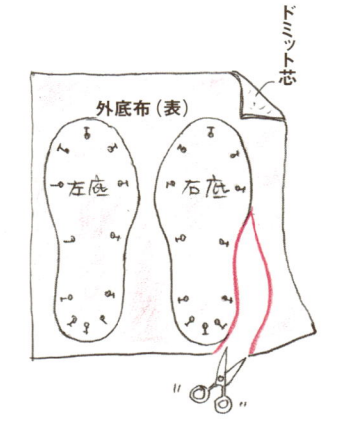

- 外甲布（裏）
- 接着ドミット芯（接着剤側）
- ＊接着芯と同様にはる 81ページ参照
- 当て紙

※外底布も同様に

2. 布を裁つ

- 表布（表）／右甲／左甲（内側）
- 外底布（表）／左底／右底
- ドミット芯

3. 内底と内底芯をぬい合わせる

① 内底芯に両面接着シートをはる

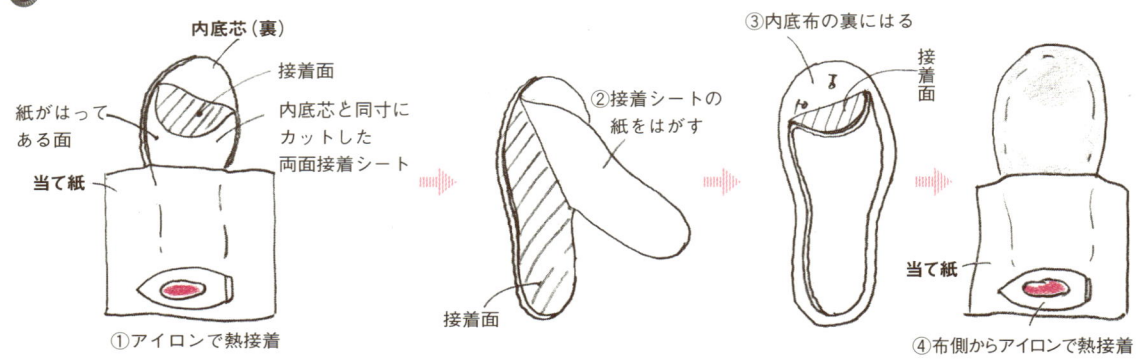

- 内底芯（裏）
- 接着面
- 紙がはってある面
- 内底芯と同寸にカットした両面接着シート
- 当て紙
- ①アイロンで熱接着
- ②接着シートの紙をはがす
- 接着面
- ③内底布の裏にはる
- 接着面
- 当て紙
- ④布側からアイロンで熱接着

② 内底芯を内底布でくるむ

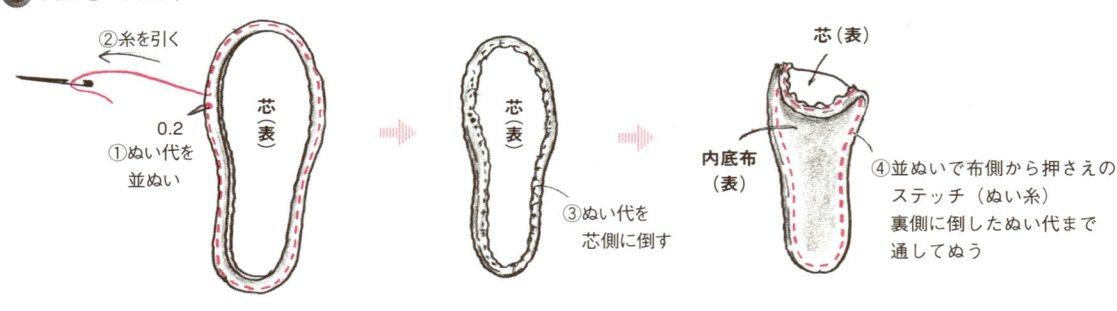

- ②糸を引く
- 0.2
- ①ぬい代を並ぬい
- 芯（表）
- ③ぬい代を芯側に倒す
- 芯（表）
- 内底布（表）
- ④並ぬいで布側から押さえのステッチ（ぬい糸）裏側に倒したぬい代まで通してぬう

4. 外甲布、内甲布それぞれに後ろ中心をぬう

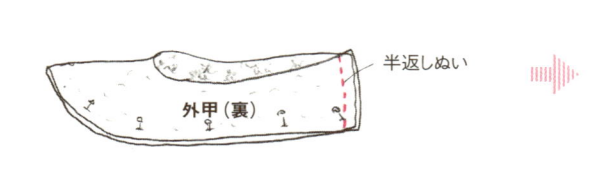

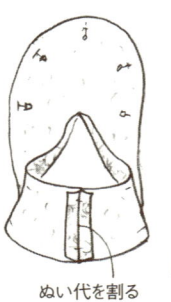

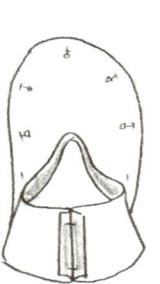

- 外甲（裏）
- 半返しぬい
- ぬい代を割る
- 内甲布も同様にぬう

PART 2 ルームシューズ

5 外甲、内甲を合わせ、はき口をぬう

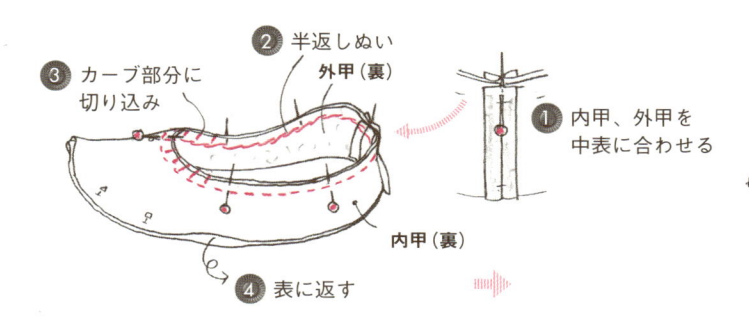

外側にひびかない程度、外甲布の裏を少しだけすくいます

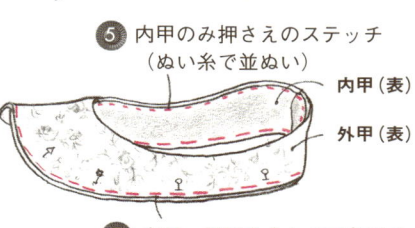

① 内甲、外甲を中表に合わせる
② 半返しぬい　外甲(裏)
③ カーブ部分に切り込み
④ 表に返す
内甲(裏)

⑤ 内甲のみ押さえのステッチ（ぬい糸で並ぬい）
内甲(表)
外甲(表)
⑥ 内甲、外甲を合わせて仮どめ（ぬい糸で並ぬい）

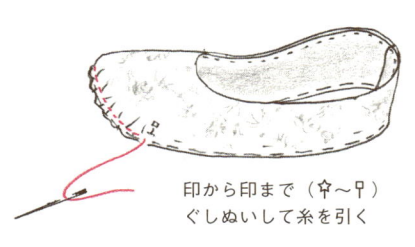

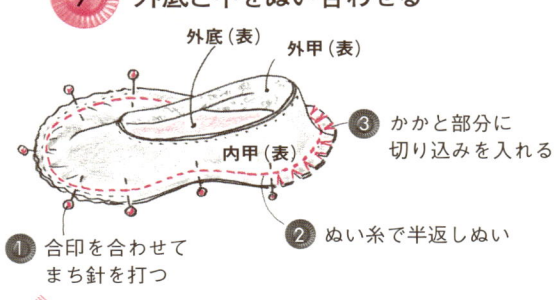

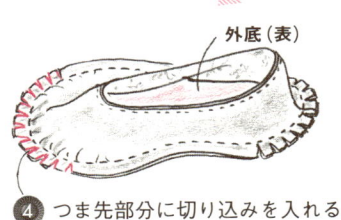

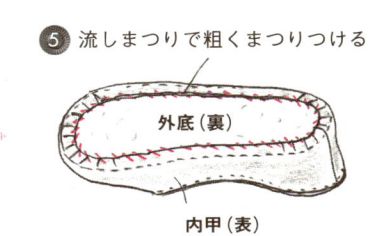

6 つま先をいせ込み、丸みを出す

印から印まで（☆〜♀）ぐしぬいして糸を引く

7 外底と甲をぬい合わせる

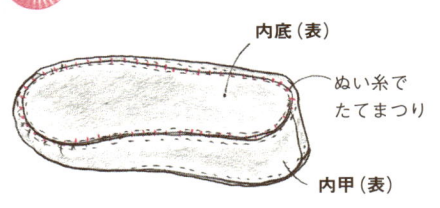

外底(表)　外甲(表)　内甲(表)

① 合印を合わせてまち針を打つ
② ぬい糸で半返しぬい
③ かかと部分に切り込みを入れる
④ つま先部分に切り込みを入れる
⑤ 流しまつりで粗くまつりつける

外底(表)
外底(裏)
内甲(表)

8 内底をつける

内底(表)
ぬい糸でたてまつり
内甲(表)

9 リボンを作ってつける

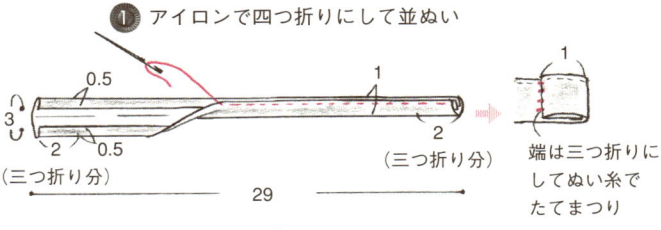

① アイロンで四つ折りにして並ぬい

0.5　1
3
2　0.5　2
（三つ折り分）　29　（三つ折り分）

端は三つ折りにしてぬい糸でたてまつり

② リボン結びにして前中心にまつりつける

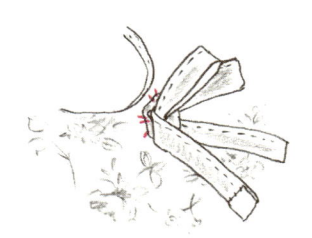

約2.5
約4.5

PART 2 ルームシューズ

なるほどMEMO ちょっと変わった飾りのお話

手芸店のテープやリボン。
レース売り場には
本当にいろいろな
種類の
装飾素材が
あります

10cm単位などで
売られています

なかには
こんな
ちょっと変わった
ものも。

★ プリーツつきチロリアンテープ 
　- チロリアンテープがぬいつけられている
　- プリーツの折り目がついた布

★ ケミカルレース 
薬品処理で穴をあけたレース。モチーフがつながった
テープ状なので、ひとつずつ切り離しても使えます

★ フリンジ

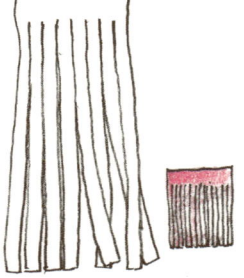

長さ、色いろいろ。
合皮タイプが使いやすい。
バッグの飾りなどに。

★ 柄入りコード 
ニット素材のコード（丸ひも）
に刺しゅうやプリントで
柄がはいっている

★ ラインテープ 
ジャージのラインだけを
取り出したような
ニット素材のテープ
スポーティなアイテムに

好みのテイストの
お気に入りを
探してみては？

★ フリルリボン 
片側りがギャザー加工
されているリボン。
すそや縁取りに。

PART 3

毎日のちょっとしたトラブル解決虎の巻
つくろいもの基礎講座

解決法がすぐに見つかる！
衣類のトラブルMAP

「ボタンが取れた」「すそがほつれた」など、くり返し着ているうちに起こる衣類のちょっとしたトラブル。お気に入りの一着をより長持ちさせるためにも、より丈夫に、きれいに仕上がる方法で補修してあげましょう。

ボタンが取れた！
・・・▶ P.76

ぬい目がほころびた！
（裏地なし）
・・・▶ P.104

スナップボタンが取れた！
・・・▶ P.73

かぎホックが取れた！
・・・▶ P.106

穴が開いた！
・・・▶ P.105

ぬい目が
ほころびた！
（裏地あり）
・・・▶ P.104

すそが
ほつれた！
・・・▶ P.99

裏つき

ゴムが
伸びた！
・・・▶ P.97

すそ丈を変えたい
・・・▶ P.100

LESSON 01 伸びたゴムを入れ替える

スカートやズボン、ギャザー仕立てのそで口、パンツのゴムまで、長く使うとどうしても伸びてきてしまうゴム。道具を用意すれば、入れ替えは意外と簡単です。

はじめる前に

用意するもの
- 入れ替え用のゴムテープ
- 手ぬい糸
- ぬい針
- まち針
- ゴム通し
- 糸切りはさみ
- リッパー
- 目打ち
- 安全ピン

1 通し口を開ける（通し口がない場合）

★リッパーなどでウエストの折り代のぬい目をほどく

2 伸びたゴムを抜く

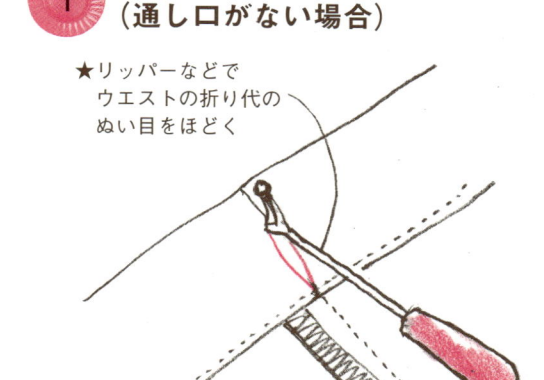

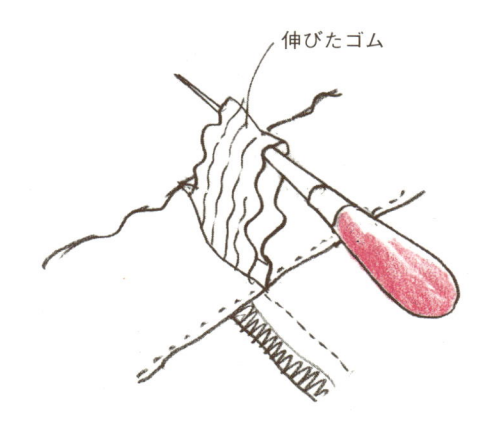

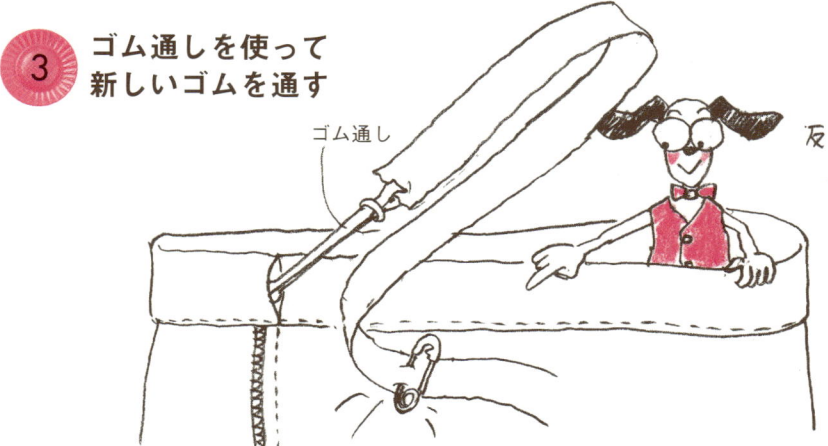

伸びたゴム

3 ゴム通しを使って新しいゴムを通す

ゴム通し

反対側は安全ピンで（スカートの）一部にとめておくと安心です

**One point advice
ゴム通しは安全ピンでも代用できます

ゴム通しはあれば便利ですが、ないからといってわざわざ買わなくても大丈夫。安全ピンでも代用できます。

ゴム通し

安全ピンでもOK！

PART 3 伸びたゴムを入れ替える

④ ゴムの長さを決める

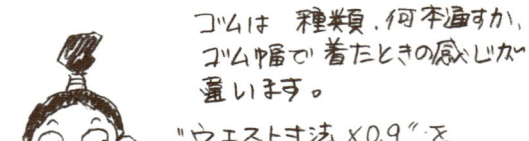

試着をして決めるのがベター！

☆ゴムの長さは？
ゴムは 種類、何本通すか、ゴム幅で着たときの感じが違います。
"ウエスト寸法×0.9"を目安に加減しましょう。

★ゴムを通す前に長さを決める場合の測り方

ゴムだけ着けてみて決める

通す前に必要な長さの位置に印をつけておきます

⑤ ゴムの端をぬい合わせる

ゴムを結ぶのはNG！ゴロゴロします

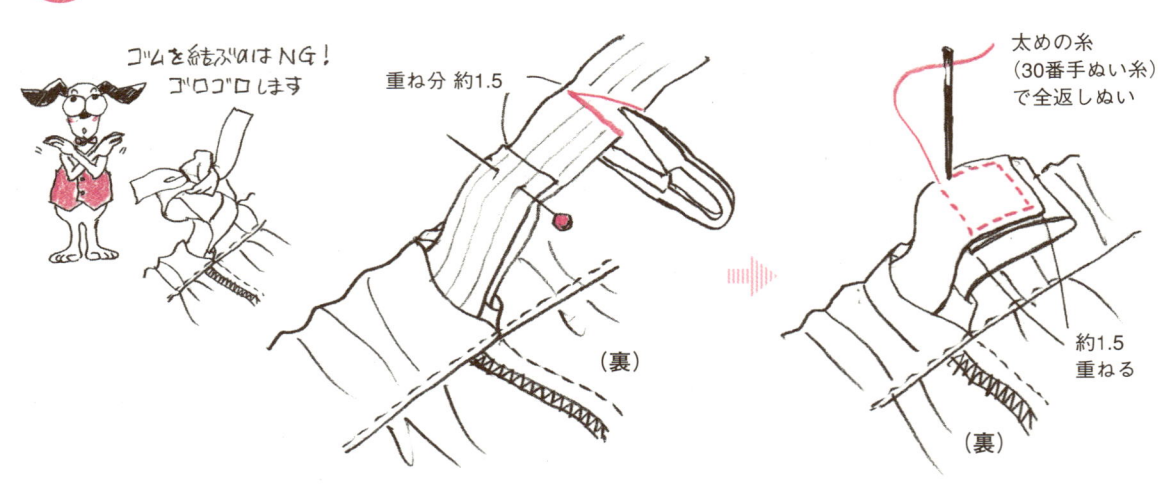

重ね分 約1.5

（裏）

太めの糸（30番手ぬい糸）で全返しぬい

約1.5 重ねる

（裏）

⑥ ゴム通し口をまつって閉じる

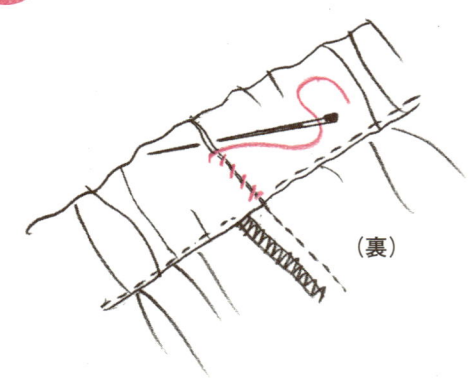

（裏）

できあがり

PITA

LESSON 02 すそのほつれを直す

すそのほつれ直しの方法はすそのラインやすそ幅により違います。ただし、まつった糸をなるべく表面に出さないようにすると長持ちするのは共通です。

はじめる前に

用意するもの
- 手ぬい糸
- ぬい針
- まち針
- しつけ糸
- 糸切りはさみ

★ 直線のすそ

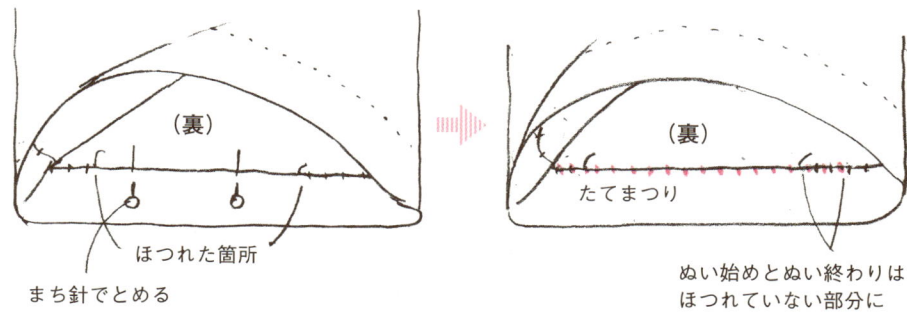

(裏) ほつれた箇所 / まち針でとめる

(裏) たてまつり / ぬい始めとぬい終わりはほつれていない部分に少しかかる程度に

★ 曲線のすそ

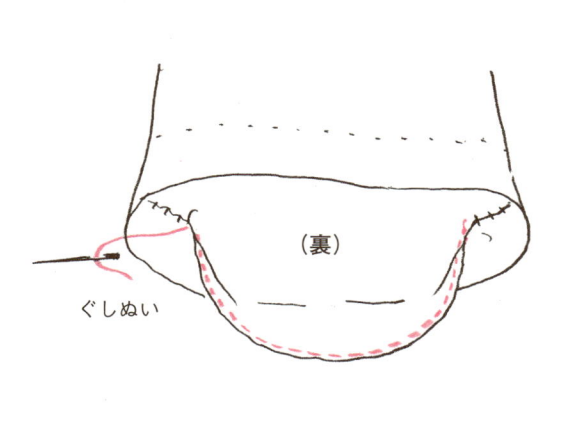

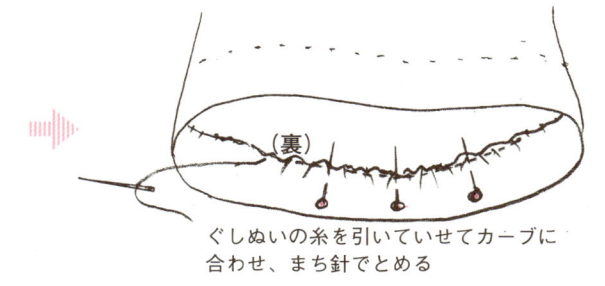

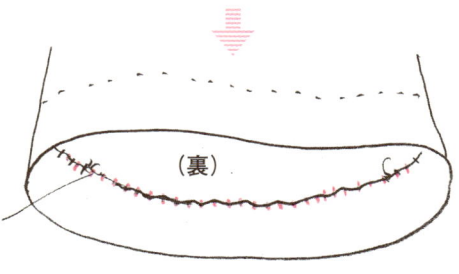

(裏) ぐしぬい

(裏) ぐしぬいの糸を引いていせてカーブに合わせ、まち針でとめる

(裏) 直線のすそ同様にたてまつり

★ すれやすいすそ（タイトスカートなど）

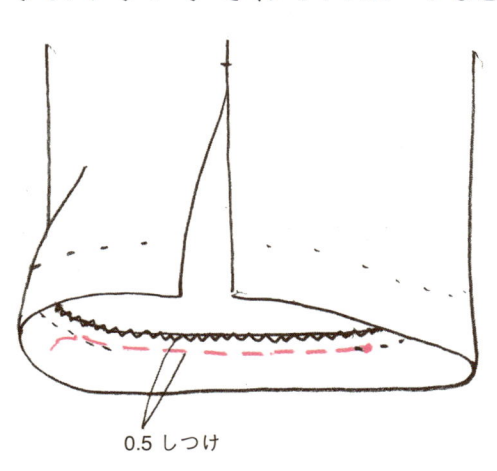

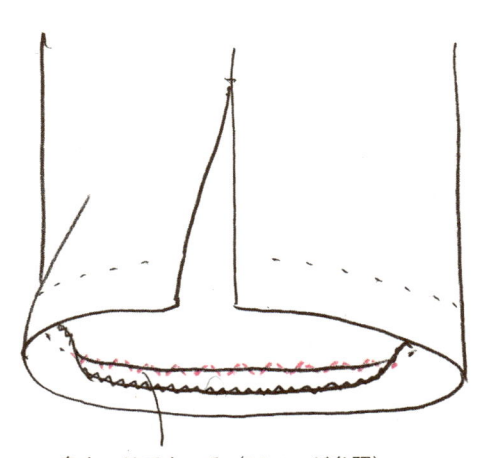

0.5 しつけ

奥まつりでまつる（34ページ参照）

LESSON 03 すそ丈を変える

お店に頼むことが多いけれど、自分でできれば時間もお金も節約に。パンツのすそ上げと、裏地つきのスカートのすそ上げの方法をご紹介します。

★ パンツのすそ上げ

はじめる前に　用意するもの
- 手ぬい糸
- ぬい針
- まち針
- 布切りばさみ
- 糸切りばさみ
- しつけ糸
- 定規
- チャコペン
- アイロン・アイロン台

① 試着して丈を決める

長さが決まったらまち針であげ分をとめ、必ずはいてチェック！

パンツのスタイルによってベストな長さが違うので—。

9cmでOK！

② すそを切る

① できあがり線、カット線（できあがり線から5cm下）の印をつける

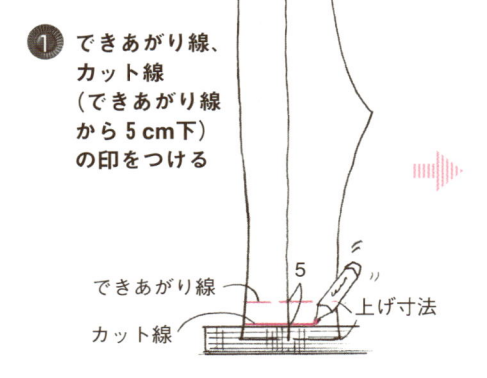

できあがり線／カット線／上げ寸法

② 片方のすそをカット

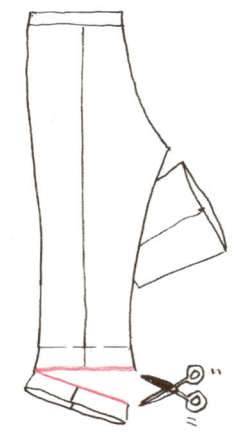

③ 反対側のすそもカット

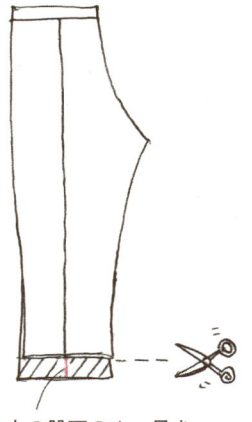

左右の股下のぬい目をきちんとそろえてカットする

③ すそをアイロンで三つ折りする

① 端から1cm折る

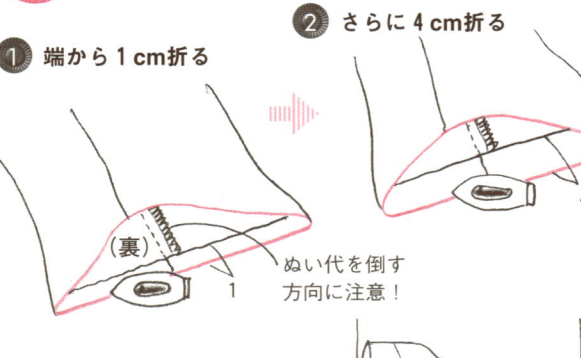

（裏）ぬい代を倒す方向に注意！

② さらに4cm折る

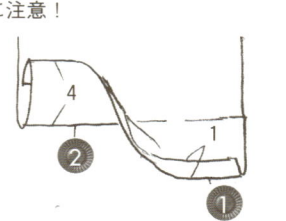

★アイロンで三つ折りしたら……

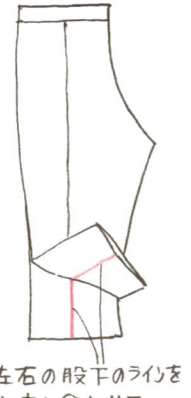

左右の股下のラインをきっちり合わせて長さの確認を！

きっちり同寸に！

4 ぬい代をまち針でとめる

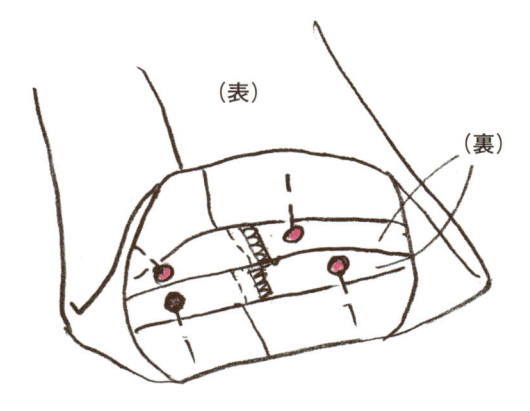

（表）
（裏）

5 ぬい代にしつけをする

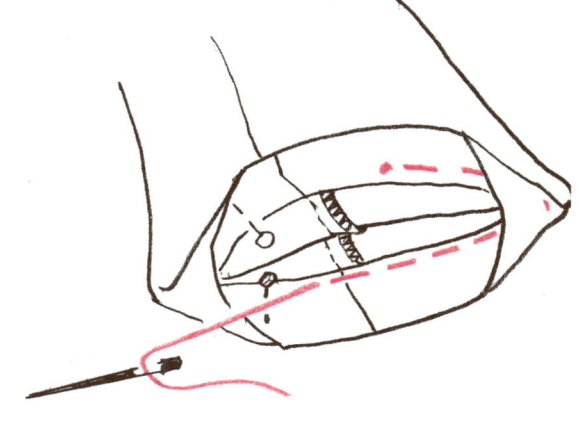

6 たてまつりでまつる

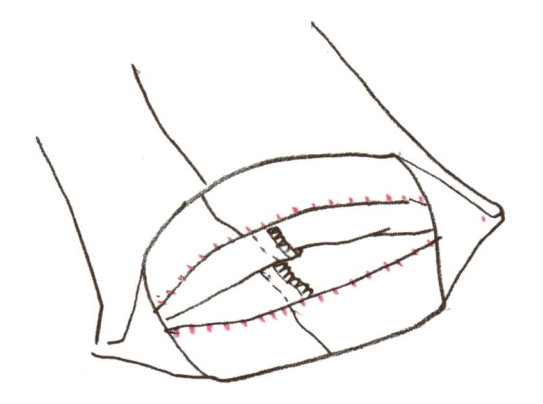

7 しつけをほどく

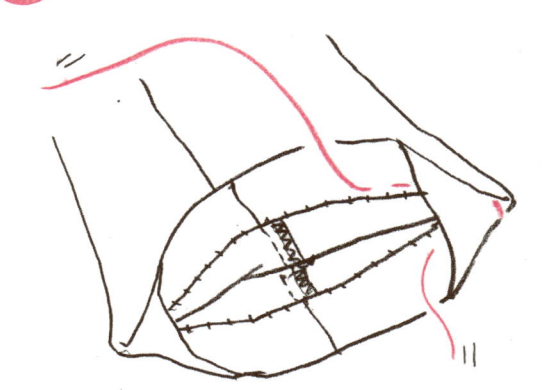

PART 3 すそ丈を変える（パンツのすそ上げ）

**One point advice
急ぎの場合は「すそ上げテープ」が便利です

①テープを必要な長さ（すそ＋3cm）にカットする

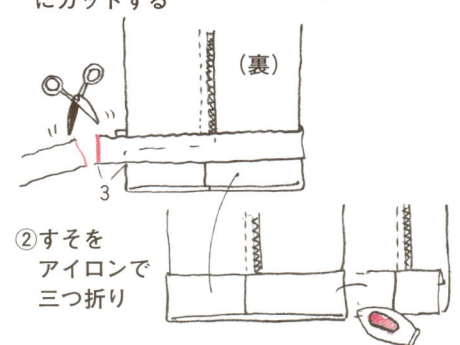

（裏）

②すそをアイロンで三つ折り

③テープをアイロンで接着

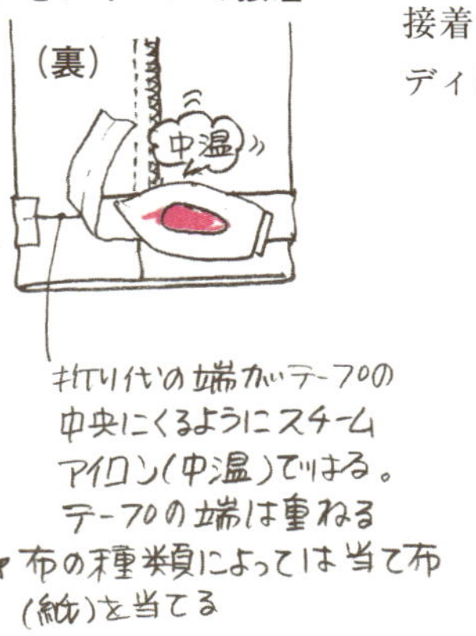

（裏）
中温

ぬい代の端がテープの中央にくるようにスチームアイロン（中温）ではる。テープの端は重ねる

★布の種類によっては当て布（紙）を当てる

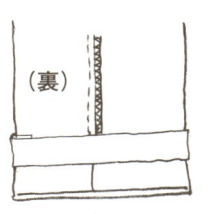

（裏）

できあがり

きちんとぬう時間がないときに便利なのが、市販の「すそ上げテープ」。アイロンで接着するだけなので、スピーディに仕上がります。

★ スカートのすそ上げ（裏地つき）

はじめる前に

用意するもの
- 手ぬい糸
- ぬい針
- まち針
- 布切りばさみ
- 糸切りばさみ
- しつけ糸
- 定規
- チャコペン
- アイロン・アイロン台

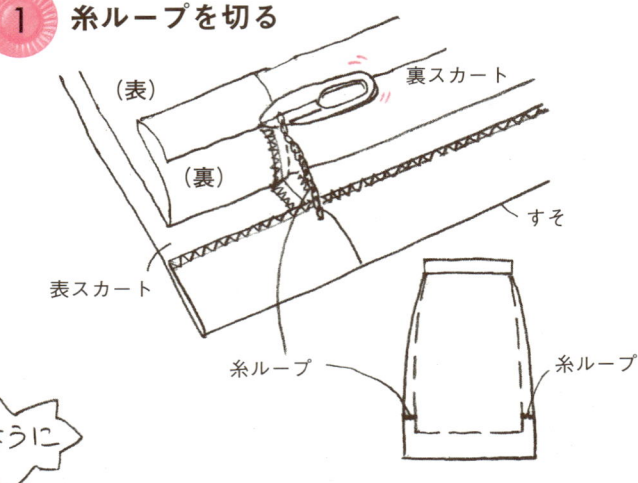

1 糸ループを切る

（表）／（裏）／裏スカート／すそ／表スカート／糸ループ／糸ループ

2 すそをほどく

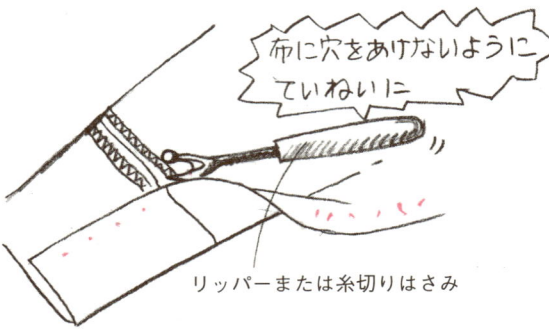

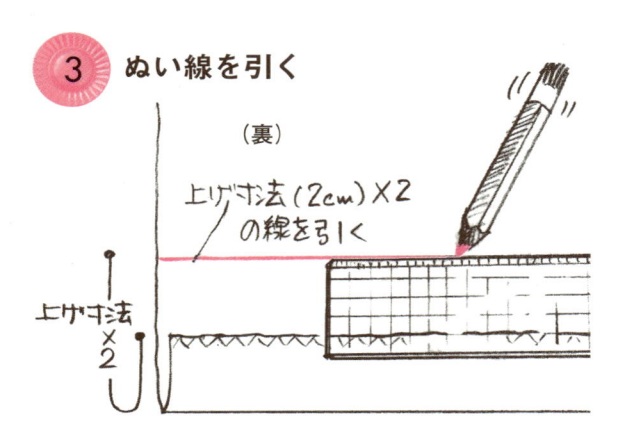

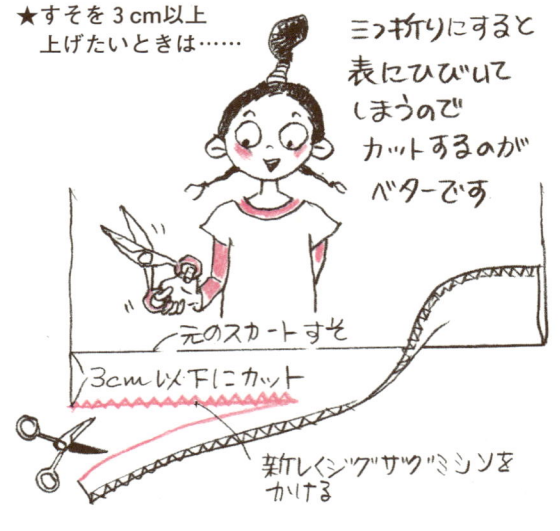

布に穴をあけないようにていねいに

リッパーまたは糸切りはさみ

★すそを3cm以上上げたいときは……

三つ折りにすると表にひびいてしまうのでカットするのがベターです

元のスカートすそ／3cm以下にカット／新しくジグザグミシンをかける

3 ぬい線を引く

（裏）
上げ寸法（2cm）×2 の線を引く
上げ寸法×2

4 元のすそ線をアイロンで消す

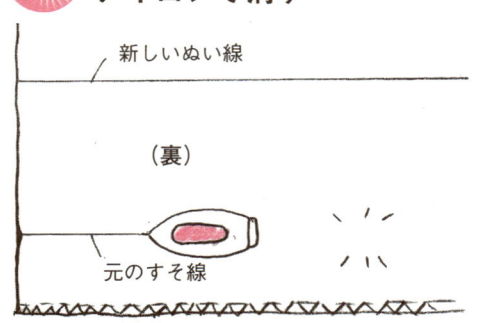

新しいぬい線
（裏）
元のすそ線

5 新しいすそ線をアイロンでつける

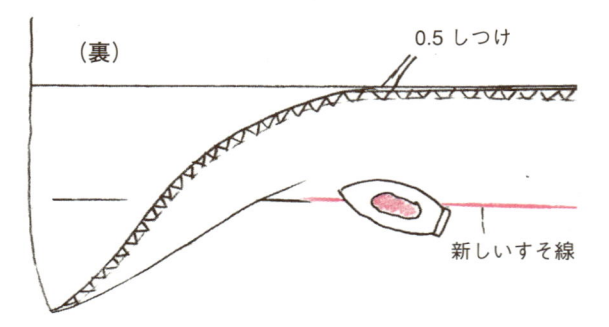

（裏）／0.5 しつけ／新しいすそ線

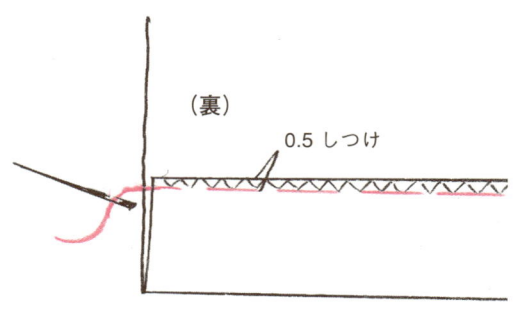

6 しつけまたはまち針でぬい代をとめる

(裏)　0.5 しつけ

7 たてまつりでぬいとめる

★タイトスカートは奥まつり

(裏)　たてまつり

8 裏スカートのすそも折り上げ、しつけしてからたてまつりでとめる

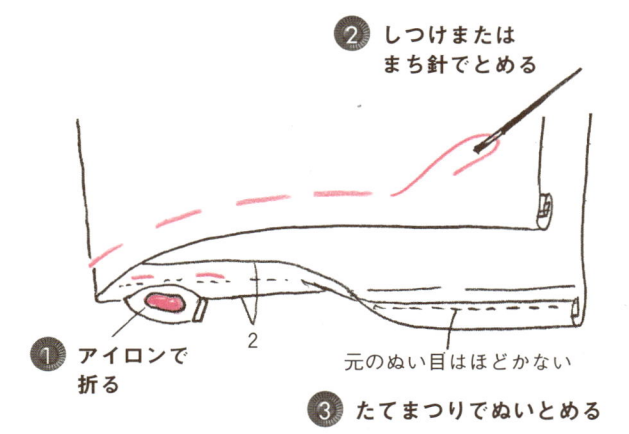

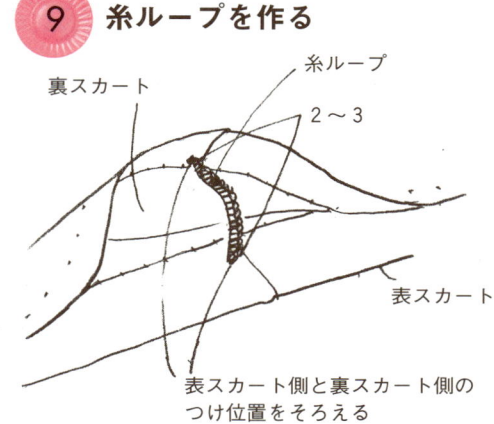

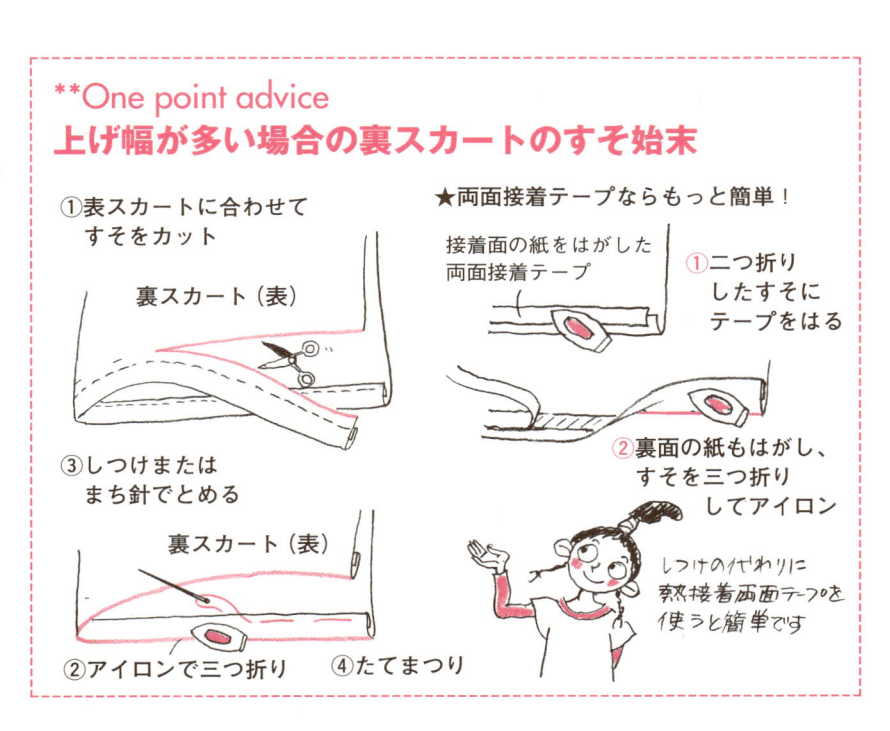

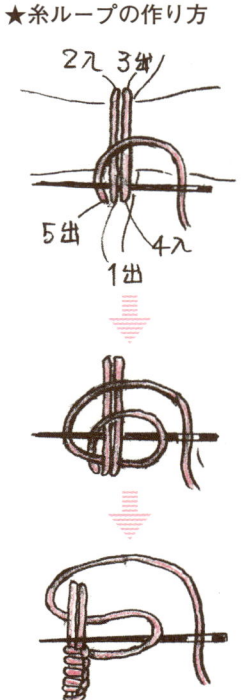

② しつけまたはまち針でとめる

① アイロンで折る

③ たてまつりでぬいとめる

元のぬい目はほどかない

9 糸ループを作る

裏スカート　糸ループ　2〜3

表スカート

表スカート側と裏スカート側のつけ位置をそろえる

★糸ループの作り方

2入　3出
5出　4入
1出

One point advice
上げ幅が多い場合の裏スカートのすそ始末

①表スカートに合わせてすそをカット

裏スカート（表）

③しつけまたはまち針でとめる

裏スカート（表）

②アイロンで三つ折り　④たてまつり

★両面接着テープならもっと簡単！

接着面の紙をはがした両面接着テープ

①二つ折りしたすそにテープをはる

②裏面の紙もはがし、すそを三つ折りしてアイロン

しつけの代わりに熱接着両面テープを使うと簡単です

PART 3　すそ丈を変える（スカートのすそ上げ）

LESSON 04 ぬい目のほころびを直す

ぬいだり着たりで負荷のかかりやすいそでぐりや、ポケットの端……。ちょっとしたほころびなら、目立たないようにつくろってしまいましょう。

はじめる前に　用意するもの
- 手ぬい糸
- ぬい針
- 糸切りはさみ

★ ぬい目のほころび直し（裏地がない場合）

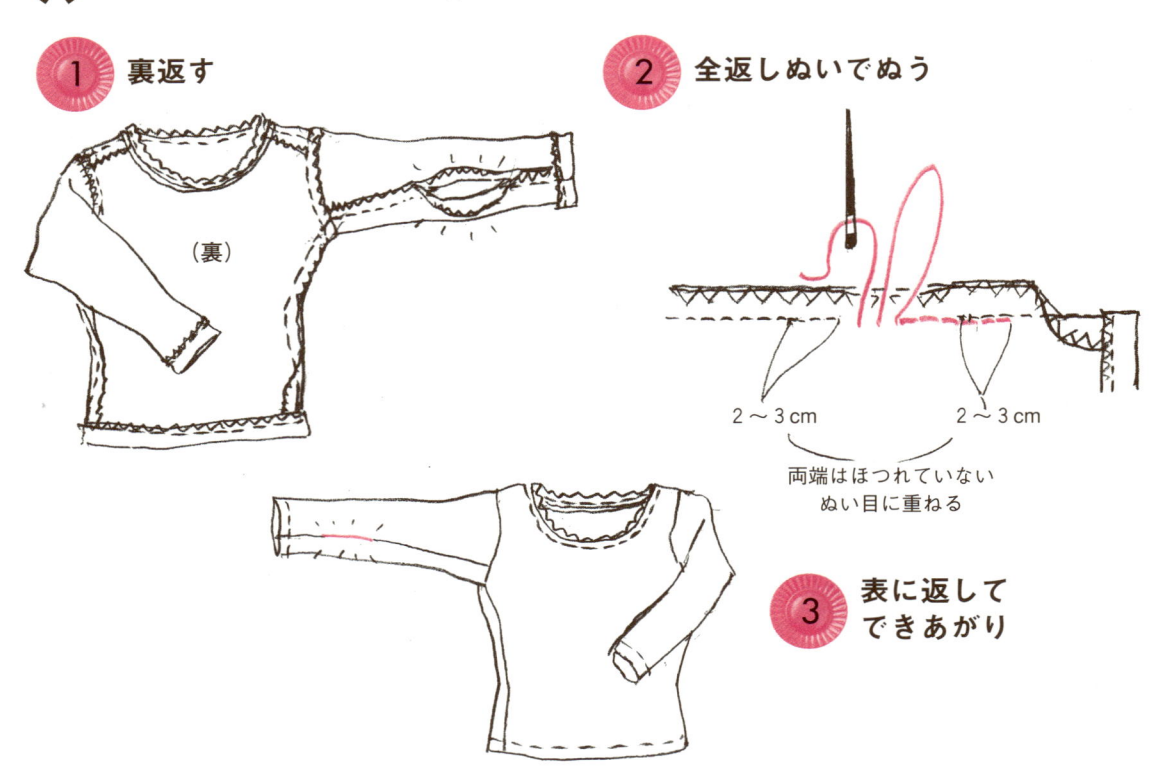

1 裏返す

2 全返しぬいでぬう

2〜3cm　2〜3cm
両端はほつれていないぬい目に重ねる

3 表に返してできあがり

★ ぬい目のほころび直し（裏地がある場合）

？裏つきの場合 裏からさっと直すのはちょっと―。どうしよう！ BORO

目立たないように細かくたてまつり

肩や脇のほつれも、表から細かくたてまつり

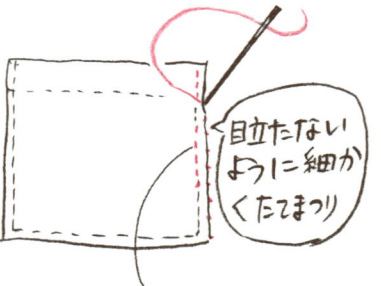

表面にミシン目がある場合は、そのぬい目に合わせてミシン目風に全返しぬいをします。ミシン目がない場合は、脇から目立たないよう細かくたてまつりでぬいとめます。

LESSON 05 穴をふさぐ

ニットの小さな虫食い穴や、どこかにひっかけてやぶいてしまってできた穴。残念ながら元通りにはなりません。そこで発想を転換して、アイディアでカバー。

きれいに穴をふさぐのは実際のところプロに頼まないとムリ。でも、とくに子どもの服や女性の衣類ならアイディアでカバー。かわいく補修しちゃいましょう。

●既成品のワッペンでふさぐ

穴が大きくなりすぎた…ワッペンでつぶしてくい

●布やテープ、リボンでふさぐ

リボンを結んでつける

この下に長〜いかぎさきが‥‥

並ぬいでリボンをつける

好みの布や布板を切り抜いて裏に接着芯をはり、ブランケットステッチ、並ぬいと配色糸ですればハナヤカ！

●ヨーヨーやコサージュでふさぐ

コサージュをぬいつけてかぎざき穴を隠す

ここに穴が‥‥

カットして1cmぐらい折る

えりぐりに穴が‥‥

折って並ぬい

ヨーヨーをぐるりと、ぬいつける

LESSON 06 かぎホックをつける

適当につけて、グラグラしたり、またすぐに取れてしまったりしたら、せっかくの作業がもったいない。しっかり丈夫につけるには、ちゃんとコツがあるのです。

はじめる前に

用意するもの
- 手ぬい糸
- ぬい針
- まち針
- 糸切りはさみ

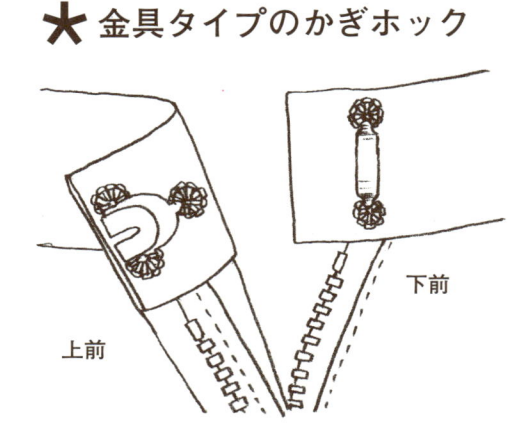

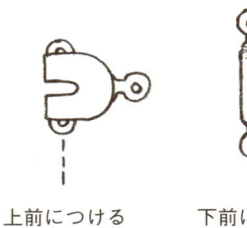

★ 金具タイプのかぎホック

上前　下前　上前につける　下前につける

1 上前を先につける

表布だけをすくいながらボタンホールステッチ

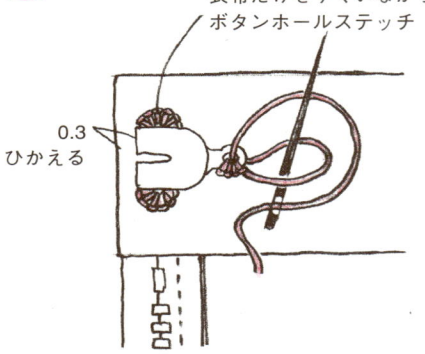

0.3 ひかえる

2 下前のつけ位置を決める

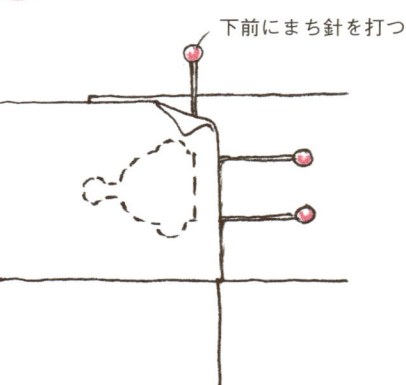

下前にまち針を打つ

3 下前をつける

下前ホックの位置

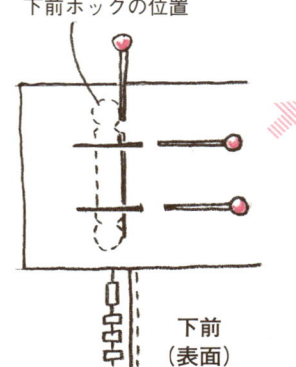

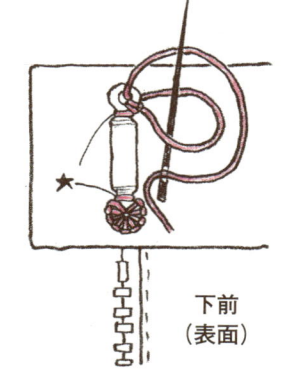

下前（表面）

下前（表面）

★は裏側まで糸を通す

幅の広いベルトに使う幅広タイプ

いろいろな種類のホックがあります

中央の穴をファスナー位置に合わせる

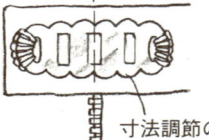

寸法調節のできる下前ホック

★ ワイヤータイプのかぎホック

① 上前を先につける

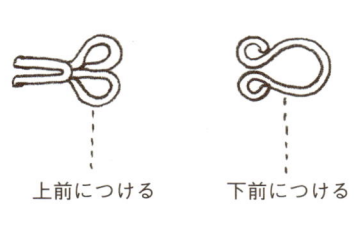

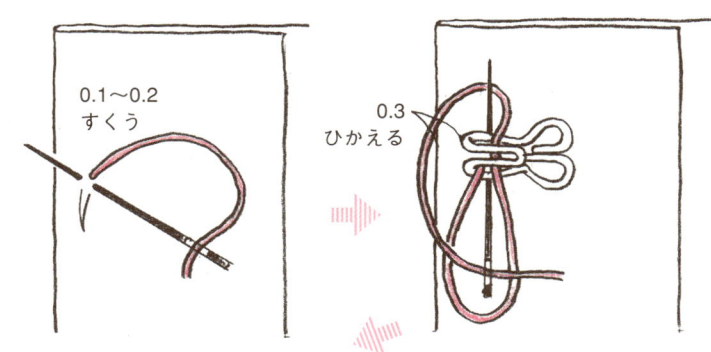

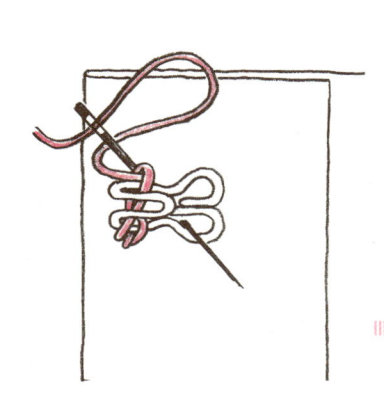

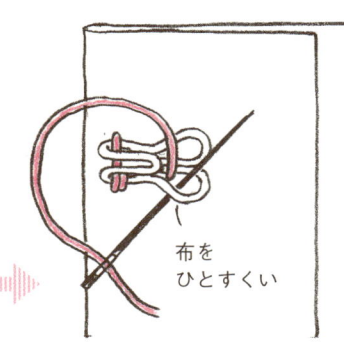

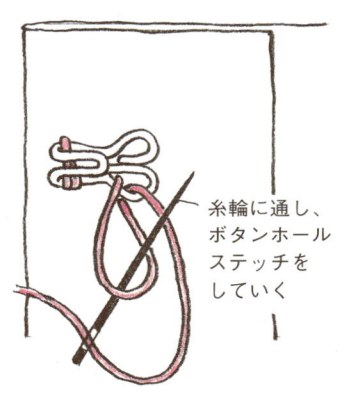

上前につける　下前につける

0.1〜0.2 すくう

0.3 ひかえる

布をひとすくい

糸輪に通し、ボタンホールステッチをしていく

② 上前に合わせて下前の位置を決め、同様にぬう

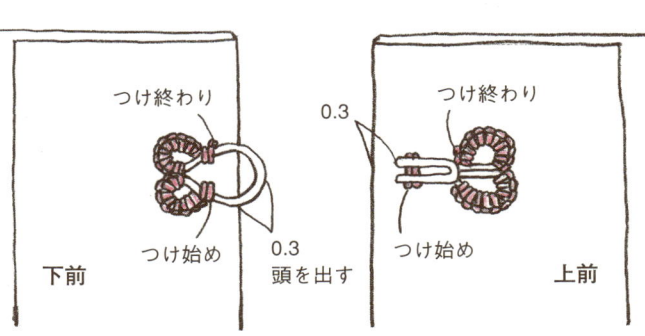

下前　つけ終わり　つけ始め　0.3 頭を出す

0.3　つけ終わり　つけ始め　上前

**One point advice
下前は糸ループでも作れます

ワイヤータイプのかぎホックの下前は、糸ループでも作れます。下前がなくなってしまったときの代用としてだけでなく、ちょっとしたデザインのアクセントとしても使えるテクニックです。

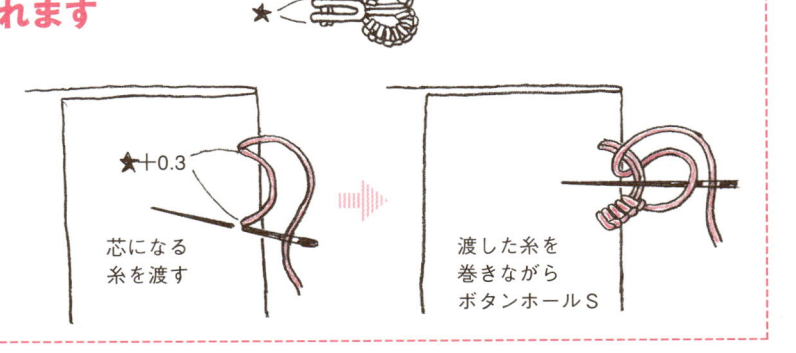

★+0.3

芯になる糸を渡す

渡した糸を巻きながらボタンホールS

PART 3 かぎホックをつける（ワイヤータイプのかぎホック）

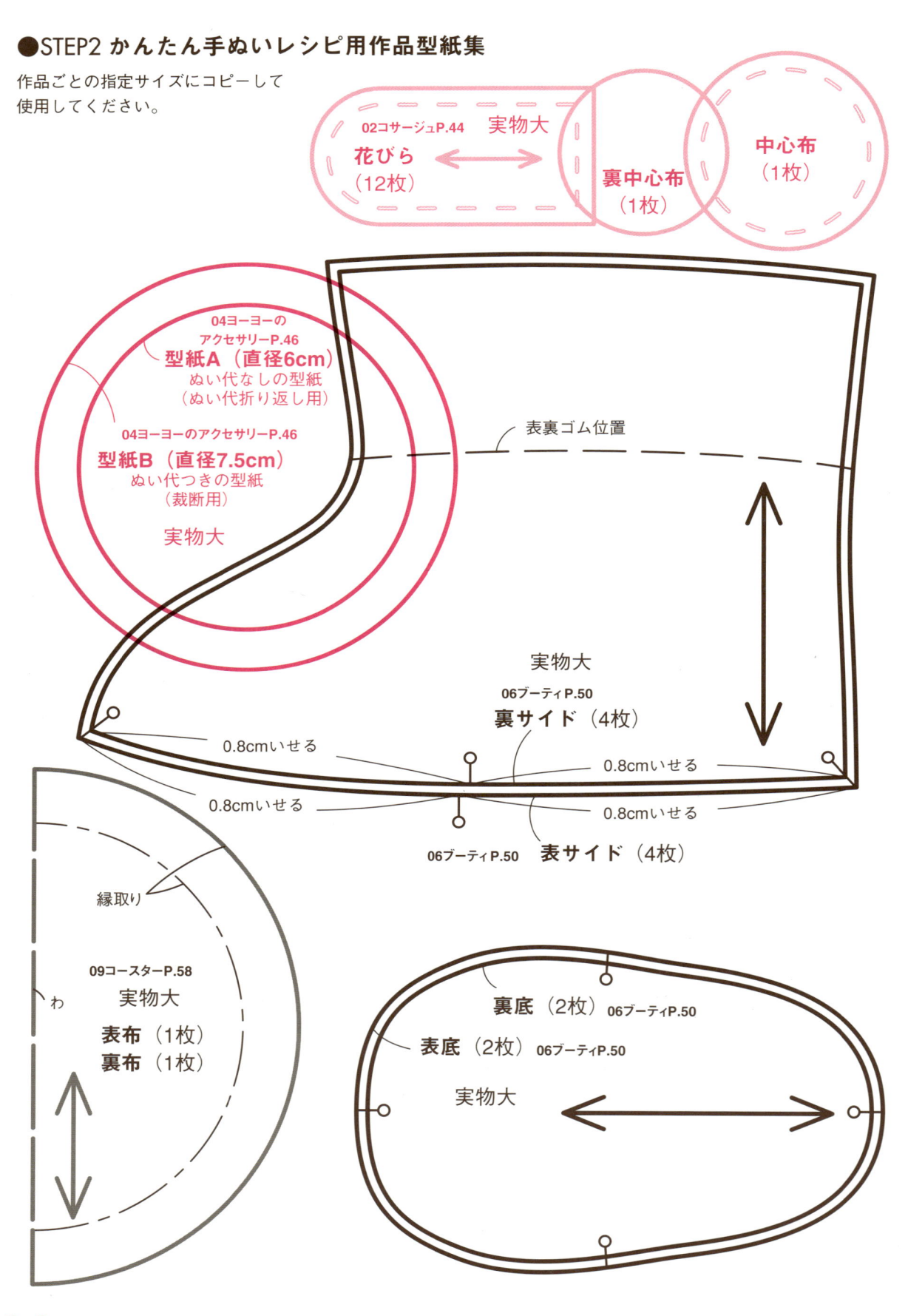

●STEP2 かんたん手ぬいレシピ用作品型紙集

作品ごとの指定サイズにコピーして使用してください。

02コサージュP.44　実物大
花びら（12枚）
裏中心布（1枚）
中心布（1枚）

04ヨーヨーのアクセサリーP.46
型紙A（直径6cm）
ぬい代なしの型紙
（ぬい代折り返し用）

04ヨーヨーのアクセサリーP.46
型紙B（直径7.5cm）
ぬい代つきの型紙
（裁断用）
実物大

表裏ゴム位置

実物大
06ブーティP.50
裏サイド（4枚）

0.8cmいせる
0.8cmいせる
0.8cmいせる
0.8cmいせる

06ブーティP.50
表サイド（4枚）

縁取り
わ
09コースターP.58
実物大
表布（1枚）
裏布（1枚）

裏底（2枚）06ブーティP.50
表底（2枚）06ブーティP.50
実物大

持ち手つけ位置

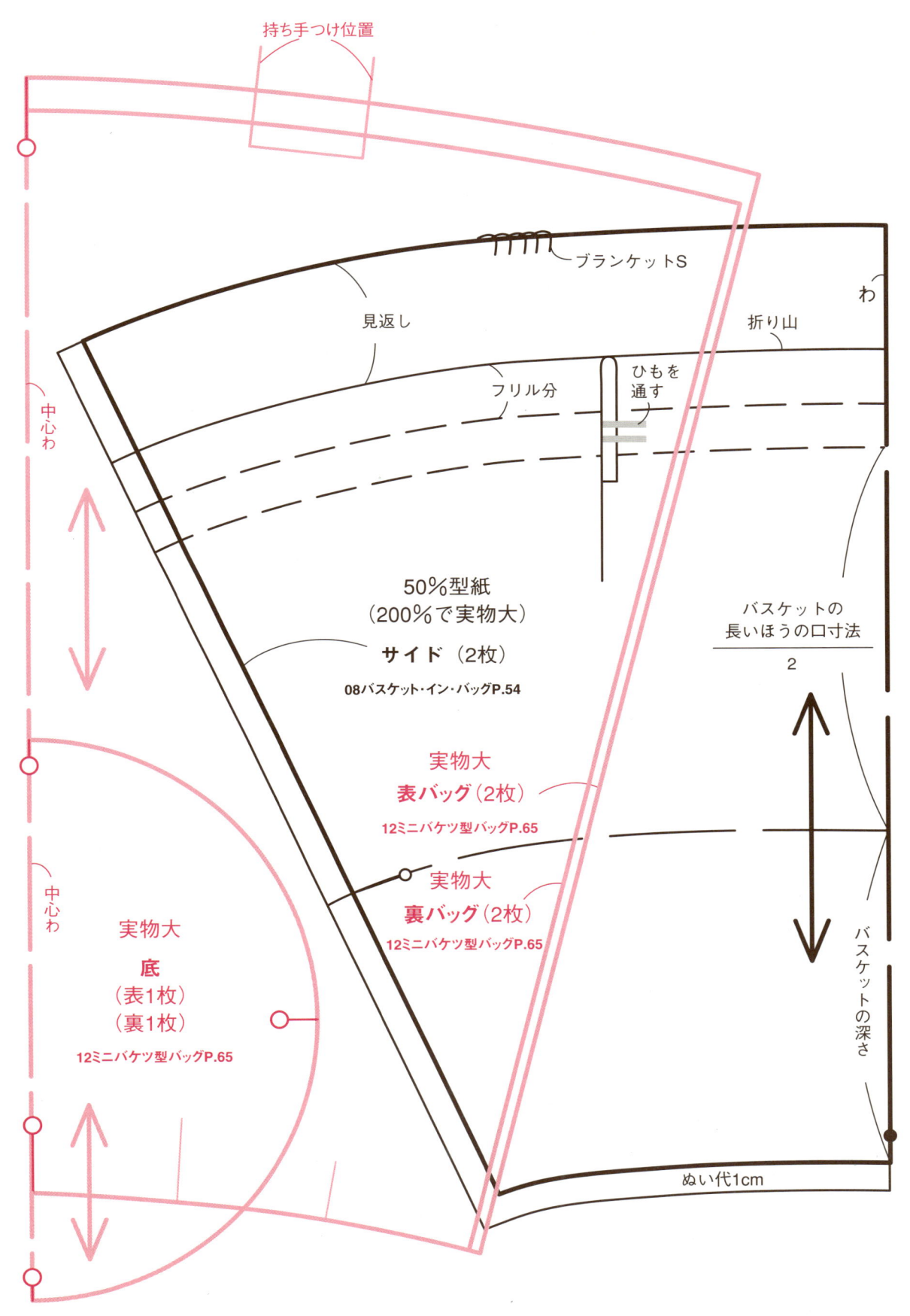

ブランケットS

見返し

折り山

フリル分

ひもを通す

わ

中心わ

50％型紙
（200％で実物大）

サイド（2枚）

08バスケット・イン・バッグP.54

バスケットの
長いほうの口寸法 / 2

バスケットの深さ

実物大
表バッグ（2枚）

12ミニバケツ型バッグP.65

実物大
裏バッグ（2枚）

12ミニバケツ型バッグP.65

中心わ

実物大
底
（表1枚）
（裏1枚）

12ミニバケツ型バッグP.65

ぬい代1cm

切り込み

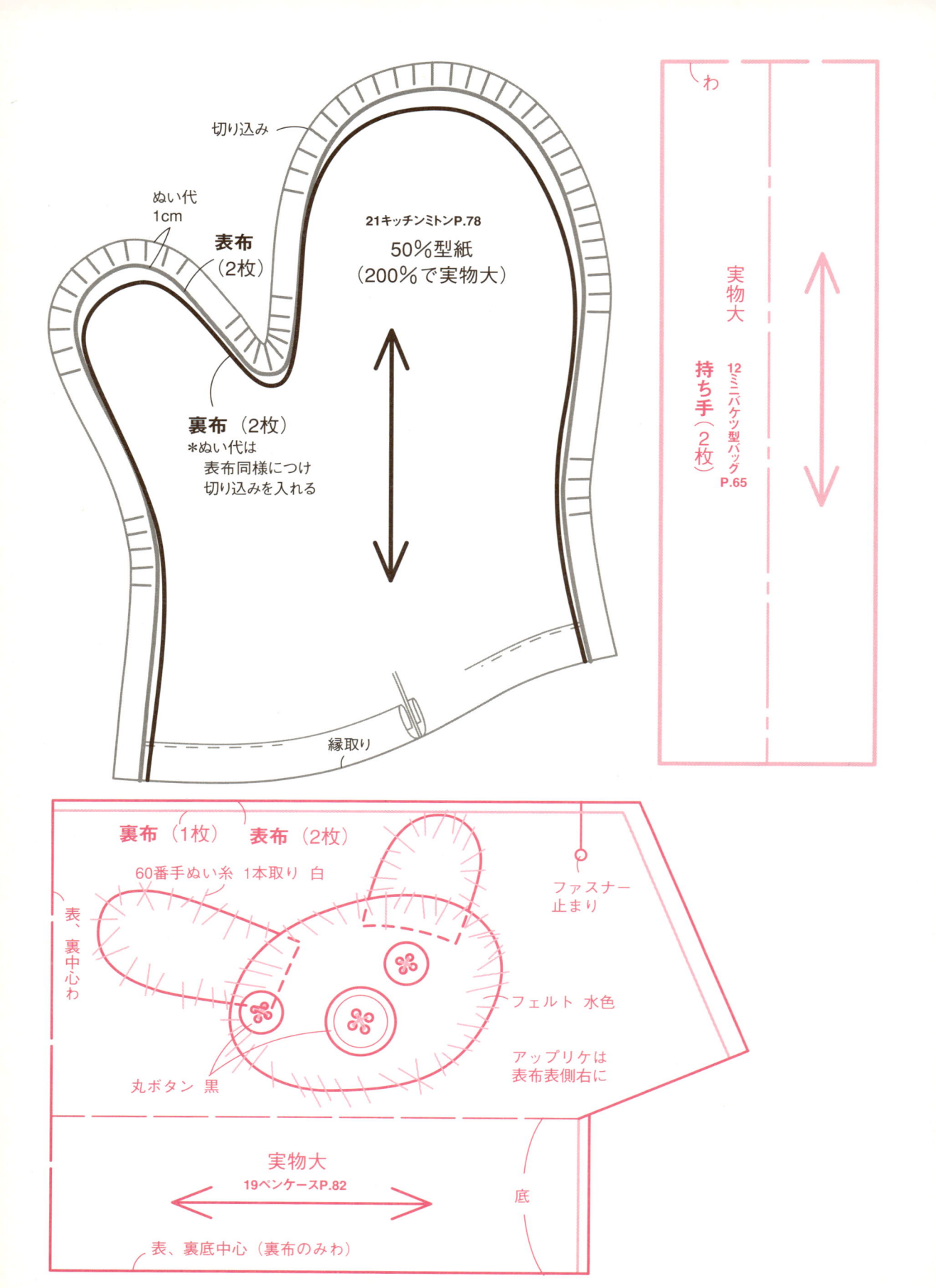

ぬい代
1cm

表布
（2枚）

21キッチンミトンP.78
50%型紙
（200%で実物大）

裏布（2枚）
*ぬい代は
表布同様につけ
切り込みを入れる

縁取り

わ

実物大

12ミニバケツ型バッグ P.65
持ち手（2枚）

裏布（1枚）　表布（2枚）

60番手ぬい糸 1本取り 白

表、裏中心わ

丸ボタン 黒

ファスナー止まり

フェルト 水色

アップリケは表布表側右に

実物大
19ペンケースP.82

底

表、裏底中心（裏布のみわ）

いせる　　　いせる

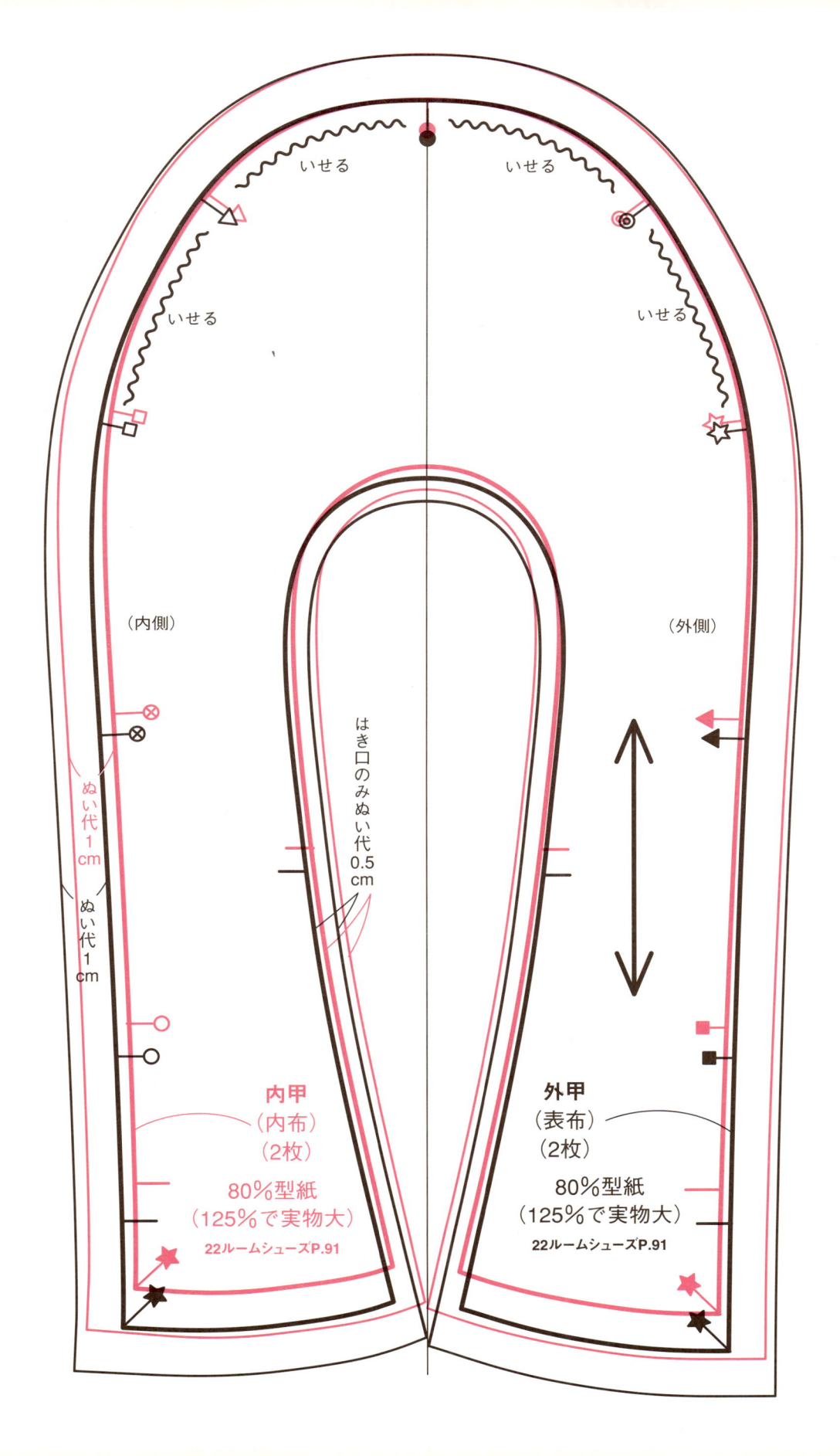

いせる　　　いせる

（内側）　　　（外側）

はき口のみぬい代 0.5cm

ぬい代 1cm
ぬい代 1cm

内甲
(内布)
(2枚)

80％型紙
(125％で実物大)
22ルームシューズP.91

外甲
(表布)
(2枚)

80％型紙
(125％で実物大)
22ルームシューズP.91

111

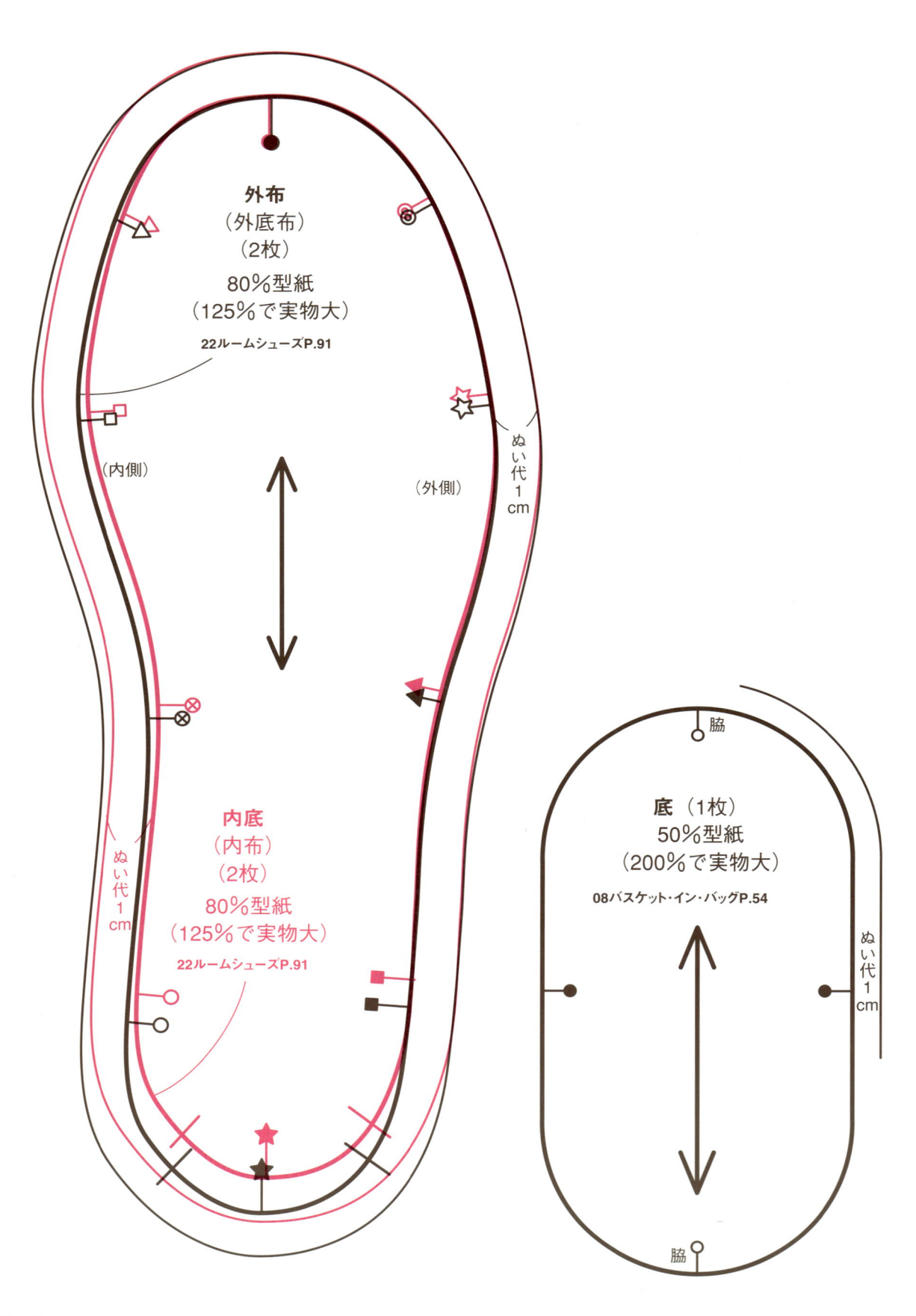

外布
（外底布）
（2枚）
80％型紙
（125％で実物大）
22ルームシューズP.91

（内側） （外側） ぬい代1cm

内底
（内布）
（2枚）
80％型紙
（125％で実物大）
22ルームシューズP.91

ぬい代1cm

脇

底（1枚）
50％型紙
（200％で実物大）
08バスケット・イン・バッグP.54

ぬい代1cm

脇

著 者 紹 介

了戒かずこ

　デザイナー。手作り教室「Keep in Touch」主宰。アパレルデザインと雑誌掲載作品のデザインを長年手がけたのち、2002年に手作り教室をオープンする。

　ソーイングからニット、ドッグウェアまで幅広く手がける手仕事のプロとして、そのセンスとテクニックを活かした作品作りには定評がある。「犬のかわいい手作りグッズ」（青春出版社）、「一日でつくる暮らしの小物」（主婦の友社）など、著書多数。

S T A F F

- 本文イラスト・トレース　しかのるーむ（鹿野伸子・常葉桃子）
- カバー・口絵撮影　蜂巣文香

ゼロからはじめるお裁縫生活（さいほうせいかつ）

2008年7月15日　第1刷	
2010年2月15日　第2刷	

著　者　　了戒かずこ

発行者　　小澤源太郎

責任編集　株式会社 プライム涌光
　　　　　電話　編集部　03(3203)2850

発行所　　株式会社 青春出版社
　　　　　東京都新宿区若松町12番1号　〒162-0056
　　　　　振替番号　00190-7-98602
　　　　　電話　営業部　03(3207)1916

印　刷　図書印刷　　製　本　大口製本

万一、落丁、乱丁がありました節は、お取りかえします。
ISBN978-4-413-00959-1 C0077
©Kazuko Ryokai 2008 Printed in Japan

本書の内容の一部あるいは全部を無断で複写（コピー）することは
著作権上認められている場合を除き、禁じられています。